Peter Butenuth

PILGERN

Die Seele mit auf Reisen nehmen

Peter Butenuth

Pilgern

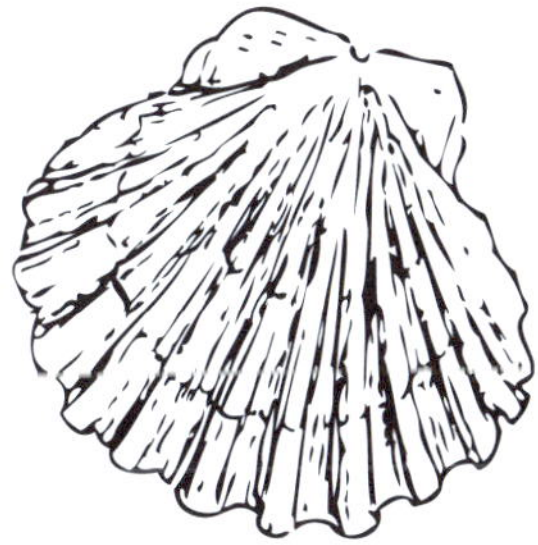

Die Seele mit auf Reisen nehmen

Gut vorbereitet auf den Jakobsweg

Francke

MIX
Papier aus verantwortungsvollen Quellen
FSC® C014138

Bibliografische Information der Deutschen Nationalbibliothek
Die Deutsche Nationalbibliothek verzeichnet diese Publikation in der Deutschen Nationalbibliografie; detaillierte bibliografische Daten sind im Internet über http://dnb.dnb.de abrufbar.

ISBN 978-3-96362-326-4

35037 Marburg an der Lahn
Umschlagbild: © iStockphoto.com / Cheng NV
Umschlaggestaltung: Francke-Buch GmbH / Marion Schramm
Bilder im Innenteil: Peter Butenuth, Melanie Balkner-Zielke, Pixabay, Adobe Stock
Satz: Francke-Buch GmbH
Printed in Czech Republic

www.francke-buch.de

Inhalt

SANTIAGO

»Der Jakobsweg beginnt auf dich zu wirken,
sobald du beschließt, ihn zu gehen.«

Pater Erich (geb. 1969)

Vorwort

Als mich ein Freund vor einigen Jahren fragte, was der Unterschied zwischen Pilgern und Wandern sei, antwortete ich spontan: »Pilgern ist Wandern für die Seele.«

Mit meinem Buch möchte ich dich einladen, die Faszination des Pilgerns zu entdecken, die Geschichte der Jakobswege kennenzulernen, das Wesentliche über die notwendigen Vorbereitungen zu erfahren und – wenn du möchtest – einige hilfreiche Coaching- und Achtsamkeitsübungen für deinen persönlichen Camino zu erlernen. Viel Spaß dabei!

Peter Butenuth

Mein erster Camino 2003

»Manchmal zeigt sich der Weg erst,
wenn man anfängt ihn zu gehen.«

Paulo Coelho (geb. 1947), brasilianischer Schriftsteller

Einleitung

»Ich bin unterwegs, genau wie an den Tagen zuvor. Mir ist heiß, meine Füße und Waden schmerzen seit Stunden. Irgendwie scheint sich das Gewicht meines Rucksacks seit heute früh verdoppelt zu haben. Aber mein Kopf ist befreiend leer. Und immer wieder erlebe ich den Luxus, einfach nur da zu sein, ohne zu denken, Schritt für Schritt zurückzulegen. Das Leben hier ist so einfach – aufstehen, laufen, essen, trinken, fühlen, denken, mit anderen reden, schlafen. Diese ungewohnt einfache Struktur der letzten Tage schenkt mir eine Klarheit meiner Gefühle, die ich so noch nie erlebt habe. Danke für das, was hier gerade mit mir geschieht.«

Aus meinem 1. Pilgertagebuch, 13. April 2003

Auch wenn sich die meisten Pilger sehr bewusst zu einer Pilgerfahrt entschließen, gibt es doch viele, die mehr oder weniger nur durch glücklichen Zufall auf den Jakobsweg geraten.

So auch bei mir: Aus einer beruflichen Sinnkrise heraus wollte ich mir im Frühjahr 2003 eine Auszeit in Form einer mehrwöchigen Motorradtour durch Thailand und Kambodscha nehmen und damit gleichzeitig einen Jugendtraum erfüllen. Leichtes Gepäck, eine kleine, geländegängige Enduro vor Ort mieten und dann einfach jeden Tag woanders sein ...

Aufgrund von Empfehlungen anderer Asienreisender hatte ich mehrere Arzttermine für entsprechende Schutzimpfungen vereinbart. Gleich beim ersten Termin geschah es dann: Gelangweilt blätterte ich in einer der herumliegenden Frauenzeitschriften (Neue Post oder Ähnliches) und stieß zufällig auf einen zweiseitigen Bericht über den sogenannten Jakobsweg von Frankreich nach Santiago de Compostela. Ein paar Fotos, ein kurzer Text und der Hinweis, dass wohl immer mehr Menschen diese Pilgerreise mit einer Länge von über 800 Kilometern für sich entdecken.

Vom Jakobsweg hatte ich damals noch nie gehört, Pilgern war für mich irgendetwas aus dem Mittelalter. Trotzdem traf der Bericht einen Nerv tief in mir und ich riss – unauffällig und mit viel Hüsteln, um das Geräusch zu überspielen – die beiden Seiten aus dem Heft.

Internet-Recherchen in dem Umfang wie heute waren 2003 noch nicht möglich, also besorgte ich mir am nächsten Tag in einer Buchhandlung das Buch »Auf dem Jakobsweg«, Paulo Coelhos sehr persönliches Tagebuch seiner Pilgerreise nach Santiago de Compostela. Und dazu einen Wanderführer für den Camino Francés, also die bekannte Route von Saint-Jean-Pied-de-Port nach Santiago. Und es packte mich immer mehr: Nach dem Lesen beider Bücher wusste ich, ich muss anstatt auf die Motorradtour unbedingt den Camino gehen. Keine Ahnung, warum eigentlich, aber das Gefühl war einfach da.

Ich glaube, am meisten hat mich nach den vorangegangenen stressigen Berufsjahren gereizt, einmal ohne jegliche Verpflichtungen über Wochen nur noch eine Aufgabe zu haben: morgens aufzustehen, den ganzen Tag zu laufen, zwar ein Ziel zu haben, aber ohne den Druck, es auch erreichen zu müssen.

Und so kam es, dass meine Familie mich dann tatsächlich einige Wochen später im März 2003 in Kassel zum Zug brachte, der mich über Paris nach Saint-Jean-Pied-de-Port führen sollte, dem Ausgangspunkt meiner Pilgerreise.

Saint-Jean-Pied-de-Port

Die Motorradtour habe ich im Folgejahr nachgeholt und seitdem viele andere faszinierende Fernreisen erlebt, aber keine Reise meines Lebens und kein späterer Pilgerweg ist mir so in Erinnerung und im Herzen geblieben wie mein erster Camino …

»Gibt es eigentlich ein Fazit oder eine besondere Erkenntnis aus deinem ersten Pilgerweg?«

... werde ich oft gefragt.

Die Antwort darauf ist komplex und jeder Mensch erlebt den Camino anders. Aber ich versuche es trotzdem:

Beim ersten Pilgern auf dem Jakobsweg bin ich mir in einer Tiefe selbst begegnet, die oftmals schmerzhaft war, gleichzeitig aber reinigend und befreiend. Ich habe buchstäblich über mein gesamtes Leben nachgedacht und wusste anschließend besser, wer ich eigentlich bin.

Das Pilgern hat Lücken in meiner Vergangenheit geschlossen und so neue Wege in meine Zukunft eröffnet.

Unterwegs wurden schöne und schmerzhafte Erinnerungen wieder lebendig und ich bin auf viele unerfüllte Hoffnungen und Träume gestoßen. Gleichzeitig aber wurde mir bewusst, wie oft ich kleine Geschenke und wertvolle Momente meines Lebens übersehen habe.

Schutzhütte für Hirten in den Pyrenäen

In den Pyrenäen auf dem Weg nach Roncesvalles

Das körperlich härteste Stück des Caminos war trotz guter Vorbereitung gleich die erste Etappe, die Überquerung der Pyrenäen. Im März, völlig allein mit mir, beginnend bei Sonnenschein, der dann plötzlich in Nebel, Regen und zuletzt in Schnee überging. Hier kam ich das erste Mal in jeder Beziehung an meine Grenzen: ein viel zu schwerer Rucksack, teilweise orientierungslos, verängstigt und irgendwann in einem kleinen Hirtenunterstand weinend mit der Frage konfrontiert, was in aller Welt mich eigentlich dazu gebracht hat, jetzt hier unterwegs zu sein.

Dann endlich die viel zu späte Ankunft auf der spanischen Seite in Roncesvalles, durchgefroren und frustriert und ernsthaft vor der Frage stehend, am nächsten Tag einfach abzubrechen und nach Hause zurückzukehren.

Ein überraschender Pilgergefährte, der mich einige Kilometer begleitete und dann die Lust verlor und einfach wieder umkehrte ...

Aber – der nächste Morgen, leichter Sonnenschein und das überraschend gute Gefühl: Wenn du das gestern geschafft hast, dann schaffst du auch den restlichen Weg. Ich empfand plötzlich wieder Vorfreude auf das Kommende. So schnell ändert sich die Stimmung auf dem Camino ...

Was bedeutet Pilgern für mich?

Pilgern hat für mich einen Dreiklang, der viel mit dem normalen Leben zu tun hat:

Es gibt einen Weg, ein Ziel und eine Last in Form des Gepäcks, des Rucksacks, den du mit dir trägst.

Der Jakobsweg wie auch jeder andere längere Pilgerweg ist für mich ein klassisches Symbol unseres Lebensweges. Wir alle sind ständig unterwegs, unser Weg ist begleitet von Übergängen und Umbrüchen, wir leben mit und für andere Menschen, wir tragen eine Last und jeder weitere Schritt kann freiwillig oder willkürlich eine Veränderung mit sich bringen.

Das Ziel des Jakobsweges, nämlich das Erreichen von Santiago de Compostela, ist ebenfalls auf unser Leben übertragbar: Ohne Ziel im Leben unterwegs zu sein, nimmt uns den Sinn. Die Bestandteile von Sinn sind vor allem die Zugehörigkeit zu anderen Menschen und zur Schöpfung, Spiritualität sowie eine persönliche Mission bzw. Vision für das eigene Leben. Für den bekannten Psychologen Viktor Frankl ist das Wesentliche im Leben des Menschen die Frage »Wofür lebe ich?«. D. h. jeder Mensch hat das Bedürfnis, einen Sinn bzw. ein Ziel in seinem Leben zu finden und zu realisieren.

Und nicht zuletzt gibt es noch dein Gepäck, deinen Rucksack. Er steht für deinen »Lebensrucksack«. Der Rucksack meiner ersten Pilgerreise hatte ein Gewicht von fast 20 Kilogramm, und um ihn leichter aufsetzen zu können, musste ich mir nach Möglichkeit immer eine Bank oder einen großen Stein zum Abstellen suchen. Ich schleppte viel zu viel mit mir herum, sowohl in meinem Rucksack als auch in der Seele und in meinem Herzen.

Unser Lebensrucksack ist oftmals überfüllt: Verantwortungen, Verpflichtungen, verschiedene Rollen, Glaubenssätze, festgelegte Denkmuster, richtige und falsche Überzeugungen, Ängste und Erinnerungen.

Auf dem Jakobsweg beginnst du irgendwann, deinen eigenen Lebensrucksack bis auf den Grund auszupacken, und findest dort viel unnötigen Ballast, aber auch überraschend Wertvolles, das man aus den Augen verloren hat. Menschen, die einem geholfen haben, schwierige Situationen durchzustehen, und die Erinnerung an wichtige Momente des Vertrauens und des Glaubens: alles was half, dort anzukommen, wo du jetzt gerade bist. Und nicht zuletzt findest du manchmal ganz unten im Gepäck versteckt deine Begabungen, Stärken, Talente und besondere Fähigkeiten wieder.

»Das schwerste Gepäck beim Pilgern
ist nicht im Rucksack.«

Torsten Marold (geb. 1962), deutscher Spiele-Autor

Pilgern trifft auf eine uralte Sehnsucht der Menschen: Wir sehnen uns danach, aus dem Alltagstrott auszubrechen, Traumatisches hinter uns zu lassen und eigene, neue Wege zu suchen, um so über Umwege vielleicht doch an das persönliche Ziel zu gelangen. Von dieser Sehnsucht getrieben und getragen begeben sich immer mehr Menschen auf eine Pilgerreise. Eine besondere Motivation und Antrieb ist dabei das »Sich sortieren«

Pilgern ist spirituelles Wandern, das stärkt und Kraft gibt. Das damit verbundene »Ausklinken« aus dem Alltag in Form einer selbst gewählten Auszeit, die einen Tag, aber auch mehrere Wochen dauern kann, ist eine Wohltat für Körper, Geist und Seele.

Während die Pilger im Mittelalter überwiegend aus rein religiöser Überzeugung auf Pilgerwegen oder zu Wallfahrtsorten unterwegs waren, haben sich die Motive weiterentwickelt. Neben ausschließlich religiösen Gründen interessieren sich viele Pilger vor allem für die Geschichte und die historischen Bauten oder möchten zu Fuß, sozusagen Schritt für Schritt, diese lange Geschichte des menschlichen Suchens selbst wiederentdecken. Alle haben gemeinsam, dass sie sich dabei auf den Spuren derer bewegen, die vor langer Zeit zu demselben Ziel aufbrachen.

Und wir alle sind dabei weit weniger vom Pilgergeist von damals entfernt, als wir vielleicht glauben: Auch im Mittelalter gingen die Pilger überwiegend zu Fuß, weil es alle taten – und natürlich waren sie stolz und glücklich, wenn sie die Mühen bewältigen konnten, die sie freiwillig auf sich nahmen.

Die verschiedenen Jakobswege, alle mit dem Ziel Santiago de Compostela, unterscheiden sich von den anderen großen Pilgerwegen auch durch die Tatsache, dass sie in der Landschaft tiefe Spuren hinterlassen haben. Auf dem heiligen Weg in Richtung Santiago kannst du als Pilger Schritt für Schritt einer Kette von Ortsnamen und Denkmälern folgen, die vor allem aus der Verehrung des Apostels und dem langen Weg zu seinem Grab heraus entstanden sind. So wurden die Routen auf Hunderten von Kilometern quer durch viele Länder markiert und für die Jakobspilger teilweise extra Straßen gebaut.

Unterwegs sein – ein alter Pilgerweg mit Pflastersteinen

Seit den 90er-Jahren haben Bücher viel dazu beigetragen, dass immer mehr Menschen das Pilgern für sich entdecken. Das Buch von Hape Kerkeling »Ich bin dann mal weg« über seine Pilgerreise im Jahr 2001 nach Santiago löste in Deutschland einen besonderen Boom aus, der bis heute andauert. Hape Kerkeling selbst war beeinflusst durch die Lektüre des Buches »Der Jakobsweg: Eine spirituelle Reise« von der Schauspielerin Shirley MacLaine. Bereits 1987 war international der Bestseller »Auf dem Jakobsweg« von Paulo Coelho erschienen, der weltweit viele Pilger inspiriert hat.

Was Hape Kerkeling über den Jakobsweg sagte, gilt für alle Pilgerwege:
»Der Weg ist hart und wundervoll. Er ist zugleich eine Herausforderung und eine Einladung. Er macht dich mitunter kaputt und leer, aber er baut dich auch wieder auf. Er nimmt dir alle Kraft und gibt sie dir dreifach zurück.«

»Nach Jerusalem wandert man, um Jesus zu finden, nach Rom geht man zum Papst, doch auf dem Pfad nach Santiago de Compostela zum Grab des Apostels Jakobus sucht man auch sich selbst.«

Spanisches Sprichwort

Das Ziel: Die Kathedrale von Santiago de Compostela

Kleine Geschichte des Jakobsweges

Pilgern war schon immer in allen Religionen ein besonderer Ausdruck des Glaubens, nicht nur im Christentum. Zumeist gehen Pilgerreisen zurück auf den alten Glauben, dass an bestimmten Orten übernatürliche Mächte ihre Kraft besonders stark entfalten. Das sind z. B. im Islam *Mekka* (Geburtsort des Propheten), im Buddhismus die Lebensstationen des Siddharta Gautama Buddha und im Hinduismus *Benares* (am Ganges, auch bekannt als Varanasi, »Stadt der Ewigkeit«).

Für uns Christen sind es die wichtigen Schlüsselstationen im Leben Jesu Christi, der Mutter Gottes Maria oder eines Heiligen. Auf lokaler oder regionaler Ebene waren meistens die sterblichen Reste eines Märtyrers oder eines Heiligen aus der frühchristlichen Zeit beliebte Ziele von Pilgerfahrten. Im Laufe der Jahrhunderte kristallisierten sich aber drei Orte besonders heraus, die bis heute zu den angesehensten und wichtigsten der gesamten Christenheit zählen: Jerusalem, Rom und Santiago de Compostela mit den jeweiligen Grabstätten von Jesus, der Apostel Petrus und Paulus sowie des Apostels Jakobus des Älteren.

Und je nachdem, zu welchem dieser drei Ziele die Pilger unterwegs waren, trugen sie auch unterschiedliche Namen: Der »Palmero« zog ins Heilige Land, sein Zeichen war der Ölzweig. Der »Romero« reiste nach Rom, sein Zeichen war das Kreuz; und der »Conchero« oder »Jacobeo« pilgerte nach Santiago, sein Zeichen war die Muschel (la concha – dt. die Muschel).

Wenn du vorhast, dich auf eine mehrwöchige Pilgerreise nach Santiago zu begeben, kann ich dir nur empfehlen, dich auch ein wenig mit der Geschichte zu befassen. Der Weg, viele historische Sehenswürdigkeiten und die besondere Spiritualität erschließen sich dir besser, wenn du dich schon vorher damit beschäftigt hast. Es gibt viele spannende und interessante Überlieferungen und Berichte aus der Historie der Jakobswege.

Sonst wunderst du dich vielleicht, wenn du in der Kathedrale von Santo Domingo de la Calzada plötzlich auf ein Paar lebendige weiße Hühner stößt, die dort in einem eigens für sie gebauten Altaraufsatz gehalten werden. Was machen ein Hahn und eine Henne in einer Kirche?

Dieser Brauch basiert auf einer der bekanntesten Legenden des Jakobsweges und übrigens wird das Hühnerpaar jede Woche ausgetauscht.

Wenn man von dem Ursprung und der Geschichte des Jakobsweges spricht, steht das eigentlich immer in Bezug auf die Entdeckung der sterblichen Überreste des Apostels Jakobus und hängt eng mit seiner Arbeit als Prediger des Evangeliums in Spanien und Portugal zusammen.

Laut der christlichen Überlieferung kehrte der Apostel ein paar Jahre später nach Israel zurück, um der Jungfrau Maria bei ihrem Tod beizustehen. In Jerusalem wurde er laut Apostelgeschichte von König Herodes geköpft und starb im Jahr 44 n. Chr. als Märtyrer.

Eine Legende besagt, dass daraufhin zwei seiner Anhänger seinen Körper in einem Boot aus Stein und ohne Segel nach Galicien brachten. Die Mühen dieser Reise wurden im sogenannten Jakobsbuch, dem ältesten Buch, das die Geschichte des Jakobsweges dokumentiert, beschrieben.

Zamora, Eingang der romanischen Kirche San Isidora aus dem 12. Jahrhundert

Der Überlieferung zufolge wählte der Ochse, der die Kutsche mit den sterblichen Überresten des Apostels Jakobus zog, den Ort aus, an dem das Grab des Heiligen errichtet werden sollte: auf dem Gipfel eines kleinen Berges in Iria Flavia ruhte sich das Tier ermattet unter einer Eiche aus. Dies wurde als ein Zeichen Gottes gedeutet, hier das Grab zu errichten.

Daraus entstand später ein Mausoleum, bekannt als Arca Marmarica, das von der Königin Lupe gebaut wurde, nachdem sie zum Christentum konvertiert war. Die Anhänger von Jakobus kümmerten sich bis zu ihrem Tod um seine Pflege, doch danach geriet das Grab von Jakobus dem Älteren in Vergessenheit.

Der Heilige Jakobus

Erst fast acht Jahrhunderte später, im Jahr 814, wurden die sterblichen Überreste dann von einem Einsiedler mit dem Namen Pelayo wiederentdeckt.

Der Legende zufolge zeigten Lichtstrahlen dem Einsiedler, wo das Grab lag, und so wurde der Ort unter dem Namen »Sternenfeld« (*Campus Stellae*) bekannt. Diesen Namen verwendete man dann über Jahre hinweg für die Stadt Compostela. Der damalige Bischof Theodemir, den der Einsiedler sofort über den Fund informiert hatte, bestätigte nach ausgiebigem Fasten und Beten, dass es sich bei den drei Leichnamen aus dem kürzlich entdeckten Grab um den Apostel Jakobus und seine zwei Anhänger handelte. Es gibt aber keine Überlieferungen, auf welche Informationen er diese Erkenntnis stützte. Der Fund wurde dann von König Alfonso II von Asturien offiziell verkündet.

Bekannt sind lediglich einige antike Dokumente, die sich vage auf den Ort beziehen, wo das Arca Marmarica gefunden wurde. Wissenschaftliche Belege, die beweisen, dass die gefundenen Überreste wirklich von dem Apostel Jakobus stammen, gibt es bis heute nicht.

Der dann beginnende Jakobskult löste eine Welle von Pilgerfahrten ans Grab des Apostels aus. Angeblich war König Alfonso II selbst der erste Pilger, der über den heutigen Camino Primitivo nach Santiago pilgerte. Im 11. Jahrhundert erreichte der Jakobsweg dann europaweite Bedeutung, wobei der Camino Francés als die große Pilgerachse galt. Bedingt durch wirtschaftlichen Aufschwung und die politische Ruhe war es eine Hoch-Zeit der europäischen Pilgerbewegung. Eine Reise nach Rom und Jerusalem, beides bedeutende Pilgerstätten, galt vergleichsweise als gefährlicher und vor allem Jerusalem war für viele Menschen zu weit entfernt. Es wird geschätzt, dass im Mittelalter rund ein Drittel der Bevölkerung des Abendlandes unterwegs nach Santiago war, täglich erreichten bis zu 1.000 Pilger das Grab des Heiligen Jakobus. Gezählt wurden sie damals mit Erbsen, die man in Behälter tat, die an den Eingängen der Kathedrale aufgestellt waren.

Diese Pilgerströme prägten Nordspanien nachhaltig und viele Spuren aus der mittelalterlichen Pilgerzeit sind noch heute zu sehen. Jeder Christ sollte, sofern er gesundheitlich dazu in der Lage war, einmal in seinem Leben nach Santiago pilgern, der Jakobsweg galt deshalb auch als Lebensweg.

Aus ganz Europa strömten die Pilger durch Frankreich auf einer der vier Hauptrouten nach Santiago. Dazu kamen noch die Pilger, die über die Seeroute in Coruna das spanische Festland betraten oder die mit dem Schiff aus Südeuropa nach Barcelona reisten.

Die damaligen Hauptrouten nach Spanien waren die Via Podensis für Pilger aus Süddeutschland und der Schweiz, die Via Lemovicensis für Pilger aus Belgien, Lothringen und Trier, die Via Tolosana für Pilger aus Italien und dem Osten Europas sowie die Via Turonensis für Pilger aus Holland und Nordeuropa. Pilger aus Irland, England und Skandinavien sowie Italien reisten meistens mit dem Schiff nach Spanien.

Kathedrale von Leon

Für die Herrscher Nordspaniens war der Jakobsweg aber auch von wirtschaftlichem Interesse. Die Pilger brachten nicht nur Geld mit sich, sondern über sie verbreiteten sich auch künstlerische Strömungen, fortschrittliche Handwerkstechniken, wichtige Informationen, bautechnische Erkenntnisse und natürlich auch Klatsch und Tratsch. Der Camino de Santiago diente schon im Mittelalter als ein Ort kultureller Verständigung zwischen den Reichen Europas. Besonders die Franken prägten mit ihrer Baukunst viele Städte, Europäer aus verschiedenen Ländern siedelten entlang des Jakobwegs. Da viele von ihnen über Frankreich nach Spanien gelangten, kam der Jakobsweg so zu seinem Namen Camino Francés, also »französischer Weg«.

Leider zog der Jakobsweg im Mittelalter aber nicht nur religiöse Pilger an, sondern auch Abenteurer, Straßenräuber, Diebe und Betrüger. Aber vor allem hat die große Anzahl europäischer Pilger viel zur christlich-europäischen Identität beigetragen und einen regen kulturellen Austausch ermöglicht, der bis heute Bestand hat.

Noch einige Informationen zum Schluss

Auf Spanisch heißt Weg »Camino« und Jakob »Santiago«. Heute ist der Jakobsweg auch international unter seinem spanischen Namen »Camino de Santiago« bekannt.

Kathedrale von Leon

Die Stadt Santiago de Compostela, die auf dem *Campus Stellae* errichtet wurde, ist seit 1985 als Weltkulturerbe eingestuft. 1987 wurde dann der Jakobsweg zum Kulturweg des Europarats ernannt. Im Heiligen Compostelanischen Jahr 1993 erklärte die UNESCO den französischen Weg zum Weltkulturerbe und in dem Jahr besuchten bereits über 100.000 Pilger das Grab des Apostels.

Seitdem steigt die Zahl der Menschen aus aller Welt, die über die verschiedenen Routen des Jakobsweges nach Santiago pilgern, immer weiter an. Es ist beeindruckend, wie viele Freiwillige und Organisationen aus aller Welt sich dafür engagieren, die Jakobstradition und damit ein fast 2.000 Jahre altes Vermächtnis fortzuführen.

Schon gewusst?
Heutzutage wird dir der alte Pilgergruß
»Ultreia et Suseia!«,
der in etwa »Vorwärts, geh über dich hinaus« bedeutet,
nur noch selten begegnen.
Üblich ist seit dem Aufschwung
der Routen des Jakobsweges im 20. Jahrhundert
unter Pilgern der Gruß
»Buen Camino«:
»Ich wünsche dir einen glücklichen/gesegneten Weg.«

Warum Pilgern so guttut – Teil 1

Unterwegs komme ich häufig mit Pilgern ins Gespräch und frage gerne nach, was denn für sie das ganz Besondere am Pilgern sei. Ich selbst könnte vermutlich einen ganzen Abend damit verbringen, dir zu erzählen, was für mich persönlich die Faszination des Pilgerns ausmacht. Aber vielleicht geben dir ja die Antworten anderer Pilger einen besseren Eindruck von der Vielschichtigkeit und dem besonderen Wert, den das Pilgern auch für dich haben kann.

Was macht das Pilgern so besonders?

»Pilgern ist Urlaub für Körper, Geist und Seele« (Thomas, 46 Jahre)
Es ist das Besondere, das mich so anzieht und immer wieder auf die nächste Pilgerwanderung schickt. Für mich ist Pilgern ein Urlaub für Körper, Geist und Seele – eine Auszeit, die nicht vergleichbar ist mit einem Urlaub im Wellnesshotel, einem Ski-Urlaub in den Alpen oder dem Strandurlaub auf Mallorca.

Pilgern bedeutet körperliche Herausforderung und Entspannung zugleich, es schickt mich auf eine Entdeckungsreise und ist dabei so wunderbar unkompliziert.

Du bist völlig frei, bestimmst deinen eigenen Rhythmus, dein eigenes Tempo. Dieses Freiheitsgefühl ist wirklich einzigartig. Eigentlich brauchst du lediglich deinen Rucksack zu packen, die Schuhe anzuziehen und an deinem individuellen Startplatz loszulaufen. Den Rest erledigt der Weg für dich …

»Pilgern führt zu Antworten« (Jörg, 57 Jahre)
Ich habe das Pilgern vor ca. 12 Jahren in einer schwierigen privaten Situation für mich entdeckt. Und dabei die Erfahrung gemacht, dass du dir beim Pilgern nicht nur wichtige Lebensfragen stellst, sondern auch beantwortest.

Im stressigen Alltag, im fordernden Job merkst du immer wieder, dass etwas falsch läuft. Auch z. B. in deiner Beziehung mit deiner Partnerin, mit dir selbst oder mit deinen Kindern gibt es mitunter anhaltende Probleme. Du hast Schwierigkeiten mit deiner Vergangenheit oder damit, wie sich dein aktuelles Leben entwickelt. Diese Probleme und die damit verbundenen Fragen kommen immer wieder hoch, häufig auch in schlaflosen Nächten oder in den kurzen Auszeiten, die du eigentlich zur Erholung brauchst. Aber es bleibt bei den Fragen

– man kommt irgendwie nicht weiter, verdrängt die Probleme und macht weiter so im Hamsterrad seiner Gewohnheiten und Gefühle.

Bei Pilgerwanderungen, die auch mal länger sein können, ist alles anders: Du kannst den relevanten Fragen deines Lebens nicht mehr länger ausweichen, sie kommen Schritt für Schritt hoch und Schritt für Schritt ergeben sich Antworten. Das Laufen, der gleichmäßige Rhythmus des Pilgerns sorgen für eine entspannte Grundhaltung, für ein inneres Loslassen. Und so ergeben sich Antworten auf scheinbar schwierige Lebensfragen aus dir selbst. Und auch die Gespräche mit anderen Pilgern unterwegs sorgen oftmals für eine völlig neue Sichtweise.

Pilgern tut mir einfach gut und ist deshalb mindestens einmal im Jahr die notwendige »Reha« für meine Seele ...

»Wenn Alltägliches wieder zum Geschenk wird« (Carolin, 36 Jahre)
Hört sich vielleicht komisch an, aber für mich ist gerade das Alltägliche beim Pilgern das Besondere.

Zu Hause ist so vieles selbstverständlich: Ich dusche jeden Morgen, mache mich für das Büro zurecht, komme nach Hause und entspanne mich auf dem Sofa bei einem Buch oder vor dem Fernseher. Aber eigentlich würde ich keine tägliche Dusche brauchen, bin von der Arbeit nicht wirklich kaputt und nutze vieles nur, weil es halt da ist.

Anders beim Pilgern. Wenn du mal eine 20 bis 30 Kilometer lange Tagestour auf dem Camino in der Sommerhitze hinter dir hast, fühlt sich die Dusche in der Herberge wie ein Geschenk des Himmels an. Und wenn du anschließend auf der Bank vor der Herberge sitzt, deine Füße von den Wanderschuhen befreit sind und die vielen Eindrücke des Tages an dir vorbeiziehen, dann ist das »Entspannung pur«.

Du nimmst beim Pilgern jede Erleichterung, jede Pause bewusster und als ein Geschenk wahr – es gibt kein besseres Gefühl, als nach einem Regen endlich die nasse Kleidung zu wechseln oder nach dem kalten Wind draußen eine geheizte Herberge zu betreten ...

»Die Freiheit des Pilgerns« (Annette, 31 Jahre)
Für mich ist das Schönste beim Pilgern, dass man anders als im Job oder im Alltag endlich einmal nicht mehr »fremdgesteuert« ist. Du bist der Weg und du lebst ihn auf deine Weise. Es gibt Pilger, die schon um 5 Uhr morgens aufbrechen und andere, die sich erst nach einem guten Frühstück auf den Weg machen.

Wer will, schaut sich unterwegs alle Sehenswürdigkeiten an oder sucht sich mittags ein Plätzchen in der Natur, um dort einige Stunden zu entspannen.

Ich selbst entscheide – wenn ich will, jeden Tag aufs Neue –, ob ich mich auf der nächsten Etappe anderen Pilgern anschließen oder lieber für mich allein sein möchte.

Bei mir z. B. ist es so, dass ich morgens eher still bin und die ersten Kilometer gerne allein laufe, mich dann aber zum Nachmittag hin über Gesellschaft und Austausch mit anderen Pilgern sehr freue. Und genau das macht Pilgern aus: Es liegt nur bei dir, wie du am liebsten unterwegs sein möchtest.

»Die Leichtigkeit tiefer Gespräche« (Torsten, 42 Jahre)
Leider kommt es im Alltag sehr selten vor, dass man mit Menschen, die man nicht oder nur flüchtig kennt, in ein tieferes Gespräch kommt.

Für mich ist das Pilgern so faszinierend, weil die Menschen, denen man begegnet, offener sind als im Alltag. Man kommt schnell und ungebunden ins Gespräch, redet über die letzte Wegstrecke, das Wetter, die Unterkunft und kleine Erlebnisse. Und dann kann es sehr schnell gehen. Man teilt mit anderen die Gründe dafür, warum man unterwegs ist und was einem am Pilgern wichtig ist. Mitunter gibt man im Gespräch auch einen Teil der eigenen Lebensgeschichte preis und oftmals einzigartige Schicksale.

Ich habe häufig das Gefühl, dass dieses sich gegenseitige Öffnen und die Bereitschaft, sich einem fremden Mitpilger anzuvertrauen, für viele wie eine Therapie ist. Das Zuhören, Reflektieren und Erzählen ist ein Geben und Nehmen. Und diese freiwillige Nähe bedeutet mir viel.

»Regeneration für alle Sinne« (Sabine, 34 Jahre)

Was für mich das Pilgern so besonders macht, ist ganz einfach: Sobald ich merke, dass mein innerer Stressbehälter zu sehr gefüllt ist, weiß ich, dass es wieder Zeit wird, auf eine kurze oder längere Pilgerwanderung zu gehen. Es ist ein Ausstieg auf Zeit, für den ich keine lange Anreise auf eine einsame Insel benötige, sondern der häufig direkt vor der Haustür möglich ist.

In der Zeit des Pilgerns lebe ich minimalistisch, das Pilgern erfolgt im Rhythmus meiner Schritte und ich kann einfach nur ich selbst sein. Mir tut es unendlich gut, in diesen Zeiten keine Rolle spielen zu müssen und dass niemand von mir eine Leistung erwartet. Ich bin einfach nur für mich unterwegs.

Pilgern ist die beste Art der Regeneration.

»Wenn ein Schluck Wasser wie Wein schmeckt« (Sven, 51 Jahre)
Über die Frage, was das Pilgern für mich so besonders macht, habe ich noch nie so bewusst nachgedacht. Aber ich glaube, es ist auch das Essen. Wie man mir sicherlich ansieht, liebe ich gutes Essen und koche für mein Leben gern. Das Pilgern macht für mich – anders als im Alltag – das einfache Essen wieder zu einem kulinarischen Erlebnis. Der Apfel, in den ich während einer längeren Wanderung beiße, schmeckt intensiver als die Crème Brûlée beim letzten Restaurantbesuch und ein Baguette mit einem Stück Käse zum Mittag ist plötzlich ein echter Geschmackshammer. Und: Klares, kaltes Wasser ist mitunter besser als jede Flasche Wein.

Das Besondere am Pilgern ist, dass richtiger Hunger auf einfaches Essen trifft und so zu einem Erlebnis wird.

»Pilgern ist alterslos« (Martha, 74 Jahre)
Ich mag am Pilgern, dass es eigentlich keine Altersgrenzen gibt, weder nach oben noch nach unten. Meinen ersten Jakobsweg, das Teilstück von Pamplona nach Santiago, bin ich mit fast 70 Jahren nach dem Tod meines Mannes gegangen. Auch wenn ich zwei Wochen länger als andere gebraucht habe, bin ich angekommen und habe mir damit einen schon lange gehegten Wunsch erfüllt.

Auch bei den späteren kleinen Pilgerwanderungen in Deutschland ist mir immer wieder aufgefallen, wie problemlos Alt und Jung miteinander unterwegs sind, und besonders schön finde ich es, dass auch Menschen mit körperlichen Problemen pilgern und auf welche Hilfsbereitschaft sie stoßen. Vor Kurzem las ich in einer Zeitschrift einen Bericht über einen jungen Mann, der den Jakobsweg mit nur einem Bein und seinen Krücken bewältigt hat – eine sehr berührende Geschichte.

»Ich traf ...«:
Begegnungen auf den Pilgerwegen – Teil 1

Wenn du selbst auf dem Jakobsweg unterwegs bist, triffst du viele Menschen, tauschst dich mit ihnen aus, teilst gemeinsame Mahlzeiten und erlebst besondere Momente in der Gemeinschaft der Pilger. Aber oftmals wird dir erst im Nachhinein bewusst, wie sehr dich die Gespräche bewegt und vielleicht auch verändert haben und wie vielschichtig die Menschen auf dem Jakobsweg sind.

Einige meiner Begegnungen habe ich in meinen Pilger-Tagebüchern festgehalten und werde im Laufe dieses Buches immer wieder kurz davon erzählen. Manche davon waren aber so persönlich, dass ich sie lieber für mich behalten möchte, andere sind mit großartigen Momenten und guten Gefühlen verbunden, die sich nur schwer nacherzählen lassen, z. B. die

Geschichte, wie ich es mit einer fröhlichen schwedischen Pilgergruppe in Pamplona geschafft habe, an nur einem Abend in über 20 Bars die Tapas durchzuprobieren …

Ingeborg aus Hamburg (72 Jahre alt)

In Carrion des los Condes suche ich mir gerade ein für mich passendes Etagenbett aus, am liebsten schlafe ich unten, um niemanden zu stören, falls ich nachts mal aufstehe. Kurz nach mir betritt Ingeborg, die den gleichen Vornamen wie meine Mutter hat, den bereits gut belegten Schlafraum und aufgrund ihres erkennbaren Alters von ca. 70 Jahren biete ich ihr meinen unteren Schlafplatz an. Das lehnt sie allerdings resolut ab und erzählt mir, dass sie nach Möglichkeit immer oben schläft, weil sie so an ihre Jugend und die Übernachtungen in Jugendherbergen und Wanderpensionen erinnert wird.

Beim Abendessen kommen wir ins Gespräch: Sie war über 45 Jahre verheiratet, ist nun seit einem Jahr verwitwet und hat die letzten Jahre vor allem ihren kranken Mann gepflegt. Obwohl sie noch nie allein im Urlaub war und auch mit ihrem Mann nur innerhalb von Deutschland und Österreich gereist ist, hat sie immer davon geträumt, einmal den Jakobsweg zu gehen. Es sei seit Jahren ihr Versprechen an Gott gewesen, als Dank für das gute Leben, das sie hatte. Voller Begeisterung erzählt sie mir von der liebevollen Aufnahme in den Herbergen, in denen sie bisher übernachtet hat, und ist glücklich über die vielen kleinen Gesten und Hilfestellungen, die ihr von anderen Pilgern zuteilwerden. Auch ich schließe sie sofort in mein Herz und würde sie am liebsten persönlich auf dem weiteren Weg begleiten. Was mich sehr freut, ist eine spätere Postkarte von ihr, die ich 5 Wochen nach meiner Rückkehr bekomme. Sie schreibt, dass sie es, wenn auch »im Schneckentempo«, geschafft habe, Santiago zu erreichen, und dass es die schönste Reise ihres Lebens gewesen sei.

George aus England (52 Jahre alt)

George treffe ich in einer kleinen Tapas-Bar nahe der Pilger-Herberge in Pamplona. Er ist gerade zum zweiten Mal auf dem Jakobsweg von Saint-Jean-Port-de-Pied unterwegs. George ist sicherlich der größte Pilgerfan, den ich jemals getroffen habe. Seit ca. 15 Jahren unterrichtet er Englisch an einer Hochschule in Japan, arbeitet dort ca. 7 Monate im Jahr und geht die restlichen 5 Monate des Jahres auf Pilgerreise. So ist er mittlerweile schon alle großen Pilgerwege der Welt gegangen, teilweise mehrfach. Wir sitzen stundenlang zusammen und es ist eine Freude, seinen Reiseberichten und Erlebnissen zuzuhören. Ihn faszinieren an den Pilgerwegen vor allem die Geschichte und der Bezug zum Glauben, der hinter der langen Tradition des Pilgerns steht. Mein Eindruck aus seinen begeisterten Erzählungen ist aber, dass er vor allem von den Begegnungen unterwegs lebt und ihm diese viel bedeuten. Er hat mittlerweile einige Hundert Brief- und Mail-Freunde in aller Welt, mit denen er teilweise schon seit vielen Jahren in ständiger Verbindung steht. Neu für mich ist, als er mir erzählt, er sei kein Einzelfall, sondern weltweit gebe es reisende »Pilger-Junkies« wie ihn, die ein eigenes Netzwerk gebildet haben, über das sie sich gegenseitig beraten und unterstützen.

Pilgerstatue

»Der Weg gibt dir nicht das, was du willst, sondern das, was du brauchst.«

alte Jakobsweg-Weisheit

Praxis-Handbuch für Pilger

Vorbereitung

Zur Vorbereitung auf den Jakobsweg solltest du dir vor allem 3 Fragen beantworten:

1. Wie viel Zeit und wie viel Geld stehen mir zur Verfügung?
2. Welchen der Haupt-Jakobswege nach Santiago möchte ich auswählen und von wo aus möchte ich starten?
3. Welche Strecke traue ich mir täglich zu und wo bzw. wie möchte ich unterwegs übernachten?

1. Wie viel Zeit und Geld stehen dir zur Verfügung?

Ich werde oft gefragt, wie viel Zeit man für den Jakobsweg einplanen sollte. Zeit ist heute ein wesentlicher Faktor geworden und nur wenige können einfach mal so drei Monate auf einem Jakobsweg unterwegs sein. Deshalb gibt es auf diese Frage eigentlich nur eine Gegenfrage: Wie viel Zeit kannst und willst du dir für deinen Jakobsweg nehmen?

Als ich 2003 meinen ersten Camino ging, hatte ich 5 bis 6 Wochen dafür eingeplant, aus denen dann aber fast 8 Wochen wurden. Möglich war das nur durch das große Verständnis meiner Familie und die relative Freiheit aufgrund meiner selbständigen Tätigkeit. Von der Zeit, die du hast, hängt natürlich auch die Auswahl der Route ab. Es gibt etliche Pilger, die sich mehrere Monate Zeit nehmen, um die komplette Strecke von Deutschland über die Schweiz und Frankreich nach Santiago zu pilgern.

Meiner Erfahrung nach solltest du dir zumindest 2 bis 3 Wochen eine Pilger-(Aus-)Zeit nehmen. Du benötigst genau wie bei einem »normalen« Urlaub mindestens eine Woche, um dich innerlich vom Alltag zu lösen und deinen Körper durch die tägliche Belastung in einen für dich passenden Laufrhythmus zu bringen.

Ähnlich wichtig ist für viele die Frage nach dem Budget, das dir für deine Reise auf dem Jakobsweg zur Verfügung steht. Der benötigte Betrag ist neben den Kosten für An- und Rückreise vor allem davon abhängig, wie du dich unterwegs ernährst und wo du übernachtest. Natürlich ist Essen im Restaurant teuer als allein oder mit anderen Pilgern zusammen in der Herberge zu kochen. Für das Schlafen in Hotels und Pensionen musst du ein üppigeres Budget einplanen als für die Pilgerherbergen oder das Übernachten im Zelt. Und nicht zu vergessen: Pilgern in Deutschland, der Schweiz, Österreich und Frankreich ist teurer als in Portugal oder Spanien.

Mein Tipp: Nicht zu wenig Geld einplanen, es wird immer Tage geben, an denen du dein gesetztes Budget überschreiten wirst. Tage, an denen du einfach mal wieder ein Zimmer und eine Dusche nur für dich allein möchtest oder einer Spezialität in einem Restaurant einfach nicht widerstehen kannst. Der Jakobsweg wird dir viel abverlangen und dafür kannst du dich zwischendurch auch ruhig mal belohnen ...

Je nach persönlichem Anspruch solltest du für die spanischen Jakobswege € 30,- bis € 50,- pro Tag für Essen und Übernachtung in Herbergen einplanen, für Frankreich und Deutschland teilweise ca. 30% mehr. Aber du wirst auch mit etwas weniger auskommen können und natürlich sind nach oben keine Grenzen gesetzt.

2. Von wo aus möchtest du starten und welchen der verschiedenen Jakobswege nach Santiago möchtest du auswählen?

Die französische Stadt Saint-Jean-Pied-de-Port direkt an der spanischen Grenze vor den Pyrenäen ist der bekannteste Startpunkt für den Camino Francés, der auch am häufigsten gewählt wird. In Irun, kurz hinter der Grenze zu Frankreich starten die Pilger, die den Camino del Norte, also den Küstenweg gehen wollen.

Grundsätzlich bist du an keinen festen Startort gebunden, sondern dieser ist lediglich von der Zeit, die dir zur Verfügung steht, und deinem geplanten Tagespensum abhängig.

Sofern du dich für einen Start in Saint-Jean-Pied-de-Port bzw. Irun oder einem anderen Ort in Spanien bzw. Portugal entscheidest, erfolgt deine Anreise in der Regel per Zug über Paris oder direkt per Flugzeug.

Am schönsten ist es natürlich, wenn du genau wie die Pilger im Mittelalter einfach aus deiner Haustür trittst und direkt dort startest.

Neben dem am stärksten frequentierten Weg, dem Camino Francés, gibt es in Spanien einige andere Wege wie beispielsweise den sogenannten Küstenweg, den Camino del Norte, oder den Camino Primitivo. Sehr beliebt ist auch der portugiesische Jakobsweg mit Start in Porto. Jeder dieser Wege ist etwas Besonders, hat seinen eigenen Reiz und stellt unterschiedliche Anforderungen an die Pilger. Insofern kann dir niemand die Entscheidung abnehmen, welchen Weg du gehen solltest, sondern du musst selbst herausfinden, welcher Weg am besten zu deinen Vorstellungen passt.

Mehr zu den Jakobswegen und deren Startpunkten findest du im hinteren Teil des Buches im kleinen Reiseführer.

3. Welche Strecke traust du dir täglich zu und wo bzw. wie möchtest du unterwegs übernachten?

Viele Pilgerführer schlagen feste Tagesetappen vor, die zwischen 20 und 30 Kilometer pro Tag betragen. Meine Empfehlung ist, zumindest für die ersten ein bis zwei Wochen nur so viele Kilometer zu planen, wie du nach deinen realistischen Erfahrungen bei einer normalen Tageswanderung auch schaffen würdest. Auf keinen Fall solltest du durch zu viel Druck den Spaß am Pilgern verlieren. Es ist ein Unterscheid, ob du einmalig wandern gehst und danach 2 Tage entspannen kannst oder Tag für Tag als Pilger eine bestimmte Strecke absolvieren willst.

Auch »nur« 15 bis 20 Kilometer pro Tag können anfangs schon eine starke Belastung für deinen Körper darstellen.

Wenn du dich an diese Distanz gewöhnt hast, wird dir dein Körper selbst signalisieren, ob du noch mehr schaffen kannst oder dein Tempo bereits gefunden hast. Du pilgerst und bist nicht bei einem Wettrennen, du musst also niemandem etwas beweisen.

Bei meiner ersten 8-wöchigen Pilgertour gab es anfangs Tage, an denen schon 15 bis 20 Kilometer zur absoluten Qual wurden, aber nach drei Wochen gab es dann Tage, an denen ich bis zu 35 Kilometer gelaufen bin und hinterher trotzdem noch gerne durch die gerade erreichte Stadt gebummelt bin.

Wie du auf dem Jakobsweg übernachten willst, ist nur von dir selbst und deinem gesetzten Budget abhängig. Nahezu alles ist möglich: Hotel, Hostel, privat vermietete Pilgerzimmer, Pilgerherbergen, Schlafen im Zelt oder unter freiem Himmel.

Nach meinen Erfahrungen kann man in den Pilgerherbergen meistens sehr gut übernachten, allerdings schläfst du dort in Gruppenräumen mit 4 bis 8 Betten (und mehr), die zumeist mit Stockbetten ausgestattet sind. Neben dem günstigen Preis war die Übernachtung in Herbergen für mich vor allem wegen dem guten Miteinander und der Möglichkeit zum Austausch wichtig. Das gemeinsame Kochen, das Teilen von Speisen und Getränken sowie die gegenseitige Fürsorge machen das Pilgern in unserer Zeit zu einem wertvollen Erlebnis.

Die Übernachtung in Pilgerherbergen kostet in Spanien und Portugal zwischen 5 und 12 Euro. Manchmal sind sie auch kostenlos bzw. auf reiner Spendenbasis. Wenn du mehr Privatsphäre und Komfort möchtest, sind Hotels und Pensionen die bessere, aber auch teurere Variante.

Meine persönliche Erfahrung: Ich übernachte wechselweise in Pilgerherbergen, Pensionen und Hotels. Herbergen mit zu vielen Betten in einem Zimmer (es gibt große Herbergen mit über 40 Betten in einem Raum) meide ich eher, 4 bis 8 Betten in einem Zimmer sind auch von der Geräuschkulisse und der nächtlichen Unruhe her noch gut zu ertragen. Zwischendurch nehme ich mir aber auch immer gerne mal einen »Day off«: Ein bequemes Bett, ein Zimmer und eine Dusche für mich allein sind dann wie ein Geschenk des Himmels.

Hinweis: Für die Übernachtung in Pilgerherbergen benötigst du grundsätzlich einen Pilgerausweis. Diesen kannst du online oder in den relevanten Startorten erwerben, mehr dazu in dem Kapitel »Tipps für Pilger«.

Unterwegs – Pilgerherberge

Allein oder gemeinsam pilgern

»Mit wem soll ich pilgern?« ist eine der Fragen, die mir bei Pilger-Workshops und Vorträgen am häufigsten gestellt wird. Eine Standardantwort im Sinne von »Richtig oder Falsch« gibt es leider nicht, jeder Pilger macht hier unterschiedliche Erfahrungen. Auf der einen Seite können die persönlichen Begegnungen mit den Mitpilgern und die intensiven Gespräche eine wichtige Bereicherung sein, andererseits kann ein falsch ausgewählter Begleiter dein Unterwegssein negativ beeinflussen. Ich habe beim Pilgern beides erlebt: Pilgergruppen, die wochenlang sehr harmonisch unterwegs waren, und einzelne Pilger, die auf ihrem Weg bewusst und glücklich Einsamkeit erlebten.

Allein auf dem Pilgerweg

Sich allein auf den Weg zu machen, ist die Entscheidung, Einsamkeit bewusst in Kauf zu nehmen, um sich so selbst besonders intensiv zu begegnen. Zudem hat das Pilgern außerhalb einer Gruppe den Vorteil, dass du deinen Gehrhythmus selbst bestimmen kannst, also für das Tempo, die Strecke und die Zeit allein verantwortlich bist. Du machst dich auf den Weg nur für dich selbst und bist in keiner Weise von anderen Pilgern abhängig. Allerdings sollte dir bewusst sein, dass dieses einsame Unterwegssein auf den bekannten Pilgerwegen während der Hochsaison kaum möglich ist, weil du hier unterwegs immer wieder auf andere Pilger stoßen wirst.

Sich unterwegs anderen Pilgern anschließen

Auf meinen Jakobswegen habe ich immer wieder erlebt, dass viele Pilger zwar allein starten, aber sich bereits nach einigen Tagen in einer mehr oder weniger festen Pilgergruppe wiederfinden. Ein Grund ist sicherlich, dass du nach einigen Tagen des Allein-unterwegs-Seins mitunter froh bist, wenn du die teilweise sehr eintönigen Wege auch mal in Begleitung zurücklegen und dich über die bisherigen Erfahrungen austauschen kannst. Viele dieser Begegnungen beginnen mit einem eher zufälligen Treffen an einem Rastplatz, auf einer Bank oder in einem Straßencafé. Man tauscht sich aus, geht vielleicht noch ein Stück gemeinsam oder verabredet sich abends in der nächsten Herberge. Da viele Pilger mit einem ähnlichen Tagespensum unterwegs sind, bildet sich bereits nach wenigen Tagen schnell eine bunt gemischte Gruppe unterschiedlichen Alters, die sich jeden Tag in der nächsten Herberge wiedertrifft. Das Schöne an diesem lockeren Verbund sind die Unterschiede in Bezug auf Nationalität, sozialen Status, Bildung und Weltanschauung. Gleichzeitig sind alle durch das gemeinsame Erleben des Unterwegsseins auf dem Jakobsweg verbunden.

Dieses lockere Gruppen-Pilgern hat viele Vorteile: Man läuft teilweise einige Kilometer gemeinsam, trennt sich dann wieder für ein Stück des Weges und führt mitunter intensive Gespräche auf Freundesniveau, die das Pilgern für dich zu einem unvergesslichen und intensiven Erlebnis machen.

Mein Tipp: Auch wenn du ein intensives Gespräch zu anderen suchst oder gern eine Wegstrecke in einer Gruppe zurücklegen möchtest, solltest du trotzdem den anderen Pilgern gleich zu Anfang mitteilen, dass du eigentlich vor allem allein sein möchtest. Jeder hat Verständnis dafür, dass du aus einem persönlichen Anliegen heraus auf den Jakobsweg gegangen bist und dazu für dich auch persönliche Freiräume bzw. Alleinsein notwendig sind. Wenn du das gleich am Anfang vermittelst, ersparst du dir umfangreiche Erklärungen, wenn sich dir gleich morgens jemand anschließen möchte und du eigentlich lieber ohne Begleitung loslaufen willst.

Pilgern in einer organisierten Reisegruppe

Mittlerweile gibt es viele Anbieter, die organisierte Pilgerreisen auf den verschiedenen Jakobswegen anbieten. Diese Reisen haben Vor- und Nachteile, wobei der Hauptvorteil insbesondere für ältere Pilger sicherlich in dem Gepäcktransport und der Vorreservierung der Unterkünfte besteht. Es entfällt die tägliche Suche nach einer Herberge, die Mitpilger sind meistens aus dem gleichen Sprachraum wie man selbst und oftmals wird die Gruppe durch einen erfahrenen Pilgerführer spirituell und kulturell geleitet. Jeder Pilger kann im Vorfeld bewusst eine Gruppe auswählen, deren Prioritäten entweder auf ein kulturelles, religiös-spirituelles oder eher ein soziales Miteinander ausgerichtet sind.

Pilgern mit dem Lebenspartner oder einer guten Freundin/ einem guten Freund

Ich werde oft nach den Erfahrungen gefragt, die Pilger machen, die mit ihrem Lebensgefährten oder Ehepartner unterwegs sind. Auch wenn man es gewohnt ist, den Urlaub in der Regel mit seiner Partnerin oder seinem Partner zu verbringen, ist es keineswegs selbstverständlich, auch eine mehrwöchige Pilgerreise auf dem Jakobsweg gemeinsam zu unternehmen. Du solltest dir darüber im Klaren sein, dass gemeinsames Pilgern auch bedeutet, mehrere Tage oder Wochen ununterbrochen zusammen unterwegs zu sein, und dass dieses intensive Miteinander nicht nur eine Bereicherung, sondern auch eine Belastungsprobe für eure Beziehung darstellen kann. Zudem

wäre es gut, wenn eure körperliche Kondition in etwa auf einem Niveau liegt, ihr also beide in der Lage seid, ein Tagespensum von z. B. 20–25 Kilometern zu schaffen, ohne dass einer von euch über- oder unterfordert ist. Ich empfehle Paaren deshalb auch immer, beim gemeinsamen Pilgern von vornherein persönliche Freiräume zu vereinbaren. Dazu gehört auch die Bereitschaft, sich zwischenzeitlich mal für einige Stunden zu trennen, um mit größerem Abstand allein pilgern zu können.

Ähnliche »Voraussetzungen« hat auch das gemeinsame Pilgern mit einer guten Freundin bzw. einem Freund oder ein generationsübergreifendes Pilgern (z. B. als Vater mit der erwachsenen Tochter). Die Pilgerreise mit einem Menschen aus deinem direkten Lebensumfeld kann eine große und bereichernde Lebenserfahrung für alle Beteiligten sein. Ihr solltet euch im Vorfeld aber im Klaren darüber sein, dass es zugleich auch eine große Herausforderung für alle Beteiligten ist.

Gesundheit und Vorbereitung auf den Jakobsweg

Wie gesund musst du sein und wie kannst du dich selbst auf einen längeren Pilgerweg vorbereiten?

Ein häufig gehörter Satz in Gesprächen über den Jakobsweg ist *»Das würde ich auch gerne mal machen … – aber das schaffe ich niemals, ich bin ja viel zu unsportlich!«*

Und mit diesem Satz wird oftmals der Traum vom Jakobsweg begraben, bevor die Realisierung überhaupt ernsthaft geprüft wird. Glaube mir: Kein Pilger-Anfänger kann sich richtig darauf vorbereiten, wie es dann später auf dem Camino wirklich ist.

Bei meinen Pilgertouren habe ich zudem die gute und wichtige Erfahrung gemacht: Fast jeder Mensch kann sich auf den Weg nach Santiago begeben und kommt auch an. Egal ob schon im hohen Alter, ob untrainiert, übergewichtig oder mit einem körperlichen Handicap belastet. Erst kürzlich habe ich im Internet erfreut den Reisebericht eines Mannes verfolgt, der den Caminho Português mit nur einem Bein auf Krücken und ohne fremde Hilfe bewältigt hat.

Für ältere Menschen oder bei chronischen Erkrankungen empfiehlt sich selbstverständlich eine vorherige ärztliche Untersuchung. So kannst du ggf. den für dich empfohlenen Schwierigkeitsgrad der Strecken festlegen und von vornherein berücksichtigen, welche besonderen Belastungen und Situationen du besser vermeiden solltest. Was spricht dagegen, aus gesundheitlichen Gründen auch mal eine besonders fordernde

Etappe abzukürzen oder für ein Teilstück den Bus zu benutzen? Wichtig ist vor allem, die eigenen gesundheitlichen Grenzen nicht zu überschreiten, aber trotzdem deinem Herzen in Richtung Santiago zu folgen.

Ein guter Pilgerfreund von mir hat einmal gesagt: »Der beste Fitnesstrainer für dich ist der Jakobsweg selbst.«

Stimmt, auch du wirst unterwegs in der Regel die Erfahrung machen, dass du Woche für Woche fitter und belastbarer wirst. Trotzdem empfehle ich dir grundsätzlich, einige Wochen vor Beginn deiner Pilgertour 2 bis 3 mal wöchentlich für 1 bis 3 Stunden spazieren zu gehen. Dabei wäre es gut, bereits deinen späteren Pilgerrucksack mit etwas Ballast (z. B. einige Kleidungsstücke) bei dir zu tragen, um deinen Körper an das Gewicht zu gewöhnen. Und dabei unbedingt schon deine Wanderschuhe »einzulaufen«, sofern sie noch neu sind. Bei mir hat die fast tägliche Vorbereitung und das Einlaufen der Schuhe dafür gesorgt, dass ich fast jede Pilgertour oder mehrtägige Wanderung ohne Blasen an den Füßen überstanden habe.

Diese Vorbereitungsphase hilft dir auch dabei, persönliche Schwächen zu erkennen und – falls notwendig – noch zu Hause spezielle Hilfsmittel zu besorgen, z. B. bei Problemen mit dem Knie oder Fußgelenk eine spezielle Bandage oder Hirschtalgcreme gegen häufige Blasenbildung oder Wundlaufen.

Durch diese Trainingswanderungen ersparst du dir viele Probleme, die sonst erst während der Pilgerschaft auftreten würden.

Mein Tipp: Im Kapitel »Ausrüstung« gehe ich noch detaillierter auf den Pilgerrucksack ein. Mach dich bereits beim »Vorbereitungswandern« mit den verschiedenen Einstellungsmöglichkeiten deines Rucksacks vertraut und teste, wo du was am besten verstauen kannst.

Sinnvoll ist auch, vorher Dehnübungen für den Rücken, die Schultern und die Beine auszuprobieren und möglichst früh damit zu beginnen. Spätestens auf dem Jakobsweg sollte es zu einem täglichen Ritual für dich werden, vor dem Aufsetzen des Rücksackes und in Pausen eine kleine Folge von Dehnübungen zu absolvieren. Das sorgt dafür, dass du beweglicher bleibst und unnötige Schmerzen vermeidest.

Sehr wichtig ist das Thema Streckenplanung. Egal, was dir dein Pilger-Reiseführer als Tagesetappe vorschlägt oder was du zu Hause ursprünglich geplant hast: Die Entscheidung und damit Verantwortung bei der täglichen Streckenplanung liegt ausschließlich bei dir. Berücksichtige unbedingt deine individuelle körperliche Verfassung und setze dir für einzelne Etappen keine festen bzw. verbindlichen Ziele! Hör einfach auf deinen Körper, du wirst schnell ein eigenes Körpergefühl in Bezug auf deine Kondition entwickeln. Einfach langsam beginnen und in den ersten Tagen ggf. schon nach 10 bis 15 Kilometern bewusst aufhören. Lass dich hier auch nicht von anderen drängen oder beeinflussen. Es bringt nichts, wenn du dich unnötig verausgabst, anstatt deinem individuellen Rhythmus zu folgen. Du riskierst nur einen vorzeitigen Abbruch deiner Pilgerreise.

Früher oder später bist du richtig eingelaufen und kannst dann buchstäblich so weit laufen, wie dich die Füße tragen. Bei meinem ersten Jakobsweg kam erst nach fast 3 Wochen plötzlich das wunderbare Gefühl, endlos lange laufen zu können: in totalem Einklang von Körper und Seele. Es war, als würde der Jakobsweg mich tragen …

»Nur wo du zu Fuß warst,
bist du auch wirklich gewesen.«

Johann Wolfgang von Goethe (1749–1832), deutscher Dichter

Die beste Reisezeit für die Jakobswege

Sofern du zeitlich flexibel bist, stellt sich die Frage nach der für dich besten Zeit für den Jakobsweg. Ich persönlich würde für das Pilgern nach Santiago immer eine Reisezeit bevorzugen, in der es vergleichsweise ruhiger ist und weniger Pilger unterwegs sind. Es ist schwierig, eine allgemeingültige Aussage über das Wetter für den Jakobsweg in Spanien oder Portugal zu treffen, da das Klima je nach Region völlig unterschiedlich ist. Als Pilger solltest du dich deshalb immer auf wechselnde Bedingungen einstellen und eine flexible Pilgerkleidung wählen, die sich unterschiedlichem Wetter anpassen kann.

Die Temperaturen zwischen 18 und 24 Grad Celsius in den Monaten April und Mai beziehungsweise September und Oktober sind zum Pilgern zwar optimal geeignet, aber dafür musst du dich auf deutlich mehr Niederschläge einstellen.

Wenn dich die zeitweise hohen Temperaturen und die oft vollen Pilgerherbergen nicht stören, können die regenarmen Sommermonate Juni bis August eine gute Wahl für dich sein.

Mehr zu den besten Reisezeiten auf den verschiedenen Jakobswegen erfährst du im hinteren Teil des Buches unter »Kleiner Reiseführer: Der spanische Jakobsweg *El Camino* und seine beliebtesten Varianten«.

Mein Tipp: Neben dem Wetter sind für die Planung deiner Reisezeit auch die saisonalen Öffnungszeiten der Herbergen relevant. Nicht alle Unterkünfte auf dem Jakobsweg stehen dir das ganze Jahr über zur Verfügung. Die klassischen Pilgerherbergen haben oftmals in den Monaten zwischen November und März sogenannte Ruhezeiten, in denen sie nicht bewirtschaftet sind.

Falls du in diesen Wintermonaten auf den Jakobswegen pilgern möchtest, wirst du häufig in privaten Unterkünften, Hostels, Hotels und Jugendherbergen übernachten müssen. Das solltest du auch in deiner Kostenplanung berücksichtigen.

Unterwegs sein: Übernachten, Herbergen, Essen, Orientierung

Pilgerherbergen und Unterkünfte auf dem Jakobsweg

Vom Zelt über die klassischen Pilgerherbergen bis hin zu Privatzimmern und Hotels stehen dir als Pilger auf dem Jakobsweg eine Vielzahl von Übernachtungsmöglichkeiten und Unterkünften zur Verfügung. Der Unterschied liegt nicht nur im Preis, sondern vor allem in der Ausstattung und im Komfort. Unterwegs weisen häufig Schilder auf nahe gelegene Herbergen und andere Unterkünfte hin, aber auch die Nachfrage in einem Café, einer Bar oder einem Restaurant hat mir schon oft zu schönen und günstigen Privatzimmern verholfen, wenn eine Herberge bereits ausgebucht war.

Viele Pilger bevorzugen die klassischen Pilgerherbergen vor allem aufgrund der günstigen Übernachtungspreise. Diese Pilgerherbergen werden in Spanien und Portugal als Albergues oder Refugios bezeichnet. Meistens werden diese Unterkünfte durch Klöster, unterschiedliche Jakobsweg-Vereine oder die katholische Kirche unterhalten und oftmals von Freiwilligen aus aller Welt, den sogenannten Hospitaleros unterstützt.

Ein weiterer Vorteil dieser Herbergen und Unterkünfte ist die direkte Nähe entlang der Jakobswege, sodass du nach einem anstrengenden Tag keine zusätzlichen (Um-)Wege auf dich nehmen musst.

Die Kosten für eine Übernachtung in diesen offiziellen Herbergen liegen pro Nacht zwischen 5 und 12 Euro, einige arbeiten auf reiner Spendenbasis. In den Pilgerherbergen ist Barzahlung üblich, also solltest du ausreichend Bargeld in kleinen Scheinen bei dir tragen.

Einige Herbergen auf dem Jakobsweg haben ähnliche Regeln wie manche Jugendherbergen (eingeschränkte Öffnungszeiten).

Der Pilgerausweis, den du unterwegs in vielen Herbergen und an besonderen Sehenswürdigkeiten als Pilgernachweis für die Urkunde in Santiago und zur persönlichen Erinnerung abstempeln kannst.

Wichtige Hinweise: Ein Pilgerausweis ist in den klassischen Pilgerherbergen Pflicht; ohne diesen ist eine Übernachtung nur in absoluten Notfällen möglich! Den Pilgerausweis kannst du direkt an den bekannten Orten wie Saint-Jean-Pied-de-Port im Pilgerbüro erwerben oder rechtzeitig vor Reiseantritt im Internet bestellen.

In der Ausstattung unterscheiden sich die Pilgerherbergen auf dem Jakobsweg erheblich. In kleineren Herbergen teilst du dir mit nur wenigen anderen Pilgern die Schlafräume, die sanitären Einrichtungen sowie die Küche bzw. Gemeinschaftsräume (sofern vorhanden). Aber es gibt auch große Herbergen mit Schlafsälen für bis zu einhundert Pilger, hier ist Privatsphäre völlig ausgeschlossen.

Die Pilgerherbergen auf dem Jakobsweg öffnen meistens am frühen Nachmittag ab 13 Uhr, vereinzelt aber auch erst ab 16 Uhr.

Bitte beachte, dass du in einer offiziellen Pilgerherberge nur eine Nacht bleiben kannst. Für einen Pausentag zur Erholung oder für eine Stadtbesichtigung musst du dir eine alternative Unterkunft suchen. Lediglich bei gesundheitlichen Problemen, die ein Weiterkommen für dich unmöglich machen, kannst du die Übernachtung um ein bis zwei Tage verlängern.

Unterwegs sein – Abendstimmung

Wäsche waschen: auch wenn in manchen Herbergen für Pilger eine Waschmaschine oder sogar ein Wäschetrockner zur Verfügung steht, wird sich die Reinigung deiner Pilgerkleidung häufig auf eine Handwäsche unter der Dusche oder am Waschbecken beschränken müssen. Deine Kleidung für den Jakobsweg sollte deshalb möglichst pflegeleicht sein und schnell trocknen.

In einem Forum im Internet habe ich gelesen: *»Auf dem Jakobsweg zu pilgern ist auch ein Weg des Vertrauens«*.

Das stimmt mit meiner Erfahrung überein: Mir ist in vielen Pilgermonaten weder etwas aus meinem Rucksack entwendet worden, noch haben mir andere Pilger negative Erfahrungen in Bezug auf Diebstähle berichtet. In den meisten Herbergen gibt es weder abschließbare Schränke noch Schließfächer.

Mein Tipp: alles Wichtige immer bei dir tragen und Bargeld, Kreditkarten, Ausweise usw. am besten in einem Brustbeutel oder einer Bauchtasche aufbewahren.

Verpflegung auf den Jakobswegen

In vielen Pilgerherbergen steht eine größere Küche oder zumindest eine Küchenzeile für Selbstverpfleger zur Verfügung, wobei die vorhandenen Kochutensilien mitunter eingeschränkt sind oder gerade von anderen Pilgern benutzt werden.

Bevor du auf dem Weg zur Pilgerherberge verderbliche Lebensmittel zum Kochen einkaufst, empfehle ich dir, vorher doch besser die Ausstattung der Küche zu prüfen.

Sollte es keine Möglichkeit zum Kochen geben, findest du in der Nähe der Herberge eigentlich immer eine Bar oder ein Restaurant, wo du etwas zum Essen bekommst. Häufig bieten diese Restaurants kostengünstige Pilgermenüs für einen Preis zwischen 9 Euro und 15 Euro an, die mitunter drei Gänge und ein Getränk beinhalten.

Hinweis für hungrige Pilger: In Spanien werden wie in vielen südlichen Ländern warme Gerichte erst ab 19.00 oder 20.00 Uhr serviert, die Küchen in Restaurants mit einem Pilgermenü öffnen aber meistens früher.

Der erste Camino 2003: Ankunft in Santiago, nach 6 Wochen einfacher Pilgermenüs das erste Schnitzel mit Pommes und Salat – das beste meines Lebens!

»Sage nicht, wenn ich Zeit dazu habe;
vielleicht hast du nie Zeit dazu.
Wenn nicht jetzt, wann dann?«

aus dem Talmud

Ausrüstung und Kleidung

Über zwei wichtige Ausrüstungsgegenstände wird unter Pilgern am meisten diskutiert, wobei die Meinungen weit auseinandergehen: Der optimale Rucksack (von dessen Größe dann natürlich auch der Inhalt abhängig ist) und der perfekte Schuh für den Jakobsweg.

Für meinen ersten Jakobsweg 2003 hatte ich mich als totaler Neuling extra in einem Outdoor/Globetrotter-Fachgeschäft beraten lassen. Ergebnis war ein großer Deuter-Trekkingrucksack mit 65(!) Litern Volumen, der dann gepackt auf deutlich über 20 Kilo kam, sowie sehr wuchtige und schwere Bergwanderschuhe. Ich muss dazusagen, der junge Kundenberater kannte den Jakobsweg und die damit verbundenen Anforderungen genauso wenig wie ich, hörte lediglich meine Angabe von »fast 900 Kilometer zu Fuß« und schloss daraus, dass Pilgern nach Santiago wohl ähnlich sei wie die Touren auf den großen amerikanischen Trails.

Den Rucksack nutze ich übrigens heute noch regelmäßig, wenn ich in der Natur oder im Wald übernachten will und dafür mehr Ausrüstung als beim Pilgern benötige. Und – obwohl ich ihn im Laufe der Jahre über 2.000 Kilometer weit getragen habe und meine Tochter damit ein Jahr lang in Australien für *Work and Travel* unterwegs war, ist der Rucksack heute immer noch in einem hervorragenden Zustand.

Auch die Bergwanderschuhe haben nach über 900 Kilometern auf dem Jakobsweg in den Folgejahren noch etliche Bergwanderungen durchgehalten, waren aber für den Camino definitiv die falschen Schuhe. Auf die Erfahrung, mit Schuhen, die selbst ca. 2 Kilogramm wiegen, bei Regen 20 Kilometer über lehmige Feldwege zu laufen und alle 5 Meter mit dem Wanderstab die klebrigen Lehmbrocken von den Schuhen abzustreifen, kann man gut verzichten.

Was ist aus meiner Sicht der optimale Pilgerrucksack?

Je kleiner und leichter dein Rucksack ist, umso entspannter bist du damit zu Fuß unterwegs. Die optimale Größe für einen Pilgerrucksack liegt bei einem Fassungsvermögen zwischen 30 und 40 Litern. Es ist wie in einer Wohnung: Je größer sie ist, desto mehr kommst du in die Versuchung, unnötige Dinge hineinzustellen. Je minimalistischer deine Ausrüstung ist, umso leichter und befreiter wirst du deine Pilgerreise erleben. Du kommst unterwegs mit weit weniger aus, als du denkst,

und eine leichtere Ausrüstung sorgt dafür, dass du eine befreite Pilgerreise erleben wirst.

Tipps für deine Rucksackwahl

- Ein separates Bodenfach, das den Rucksack in zwei Hauptbereiche unterteilt. Das erleichtert deutlich den Zugang zu deinem Gepäck.
- Ein gepolstertes Tragegestell mit einem breiten Hüftgurt (unbedingt anprobieren, der Hüftgurt sollte auf deine Körpergröße angepasst sein und perfekt sitzen).
- Der ausgewählte Rucksack sollte unbedingt ein gutes Lüftungssystem am Rücken haben. Hierzu empfiehlt es sich, vor dem Kauf möglichst viele Erfahrungsberichte im Internet zu lesen oder in einem der vielen Pilger- und Wanderforen Meinungen anderer Nutzer einzuholen. Hilfreich sind auch Testberichte in Outdoor- und Wanderzeitschriften.
- Außentaschen für wichtige Ausrüstungsgegenstände und eine Seitentasche für die Trinkflasche.
- Einige Befestigungsösen, an denen du zusätzliche Riemen für Ausrüstung anbringen kannst sowie bei Bedarf Halterungen für deine Trekkingstöcke.
- Besser als eine später zugekaufte Regenhülle ist eine bereits integrierte Regenhülle im Bodenfach des Rucksacks.
- Dein Ziel sollte sein, mit deinem gepackten Jakobsweg-Rucksack ein Gesamtgewicht von 10 Kilo (ohne Getränke und Essen) möglichst nicht zu überschreiten.

Gibt es den perfekten Schuh für den Jakobsweg?

Nein, es gibt nur unendlich viele Empfehlungen und völlig unterschiedliche persönliche Erfahrungen – aber letztendlich ist der perfekte Schuh für dich genauso individuell wie du.

Es ist deine Entscheidung, ob du lieber zu klassischen Wanderschuhen greifst oder wie viele Pilger einen anderen Schuhtyp auswählst. Immer häufiger sehe ich Pilger mit Trailrunningschuhen, leichten Wanderschuhen, Laufschuhen und insbesondere in den Sommermonaten sogar mit Wandersandalen auf dem Jakobsweg.

Der Vorteil von Trailrunning- oder Multifunktionsschuhen ist die deutliche Gewichtsersparnis gegenüber hohen Wanderschuhen, die sich positiv auf die Leistungsfähigkeit auswirkt, weil du mit der gleichen Menge an Energie längere Strecken zurücklegen kannst.

Unterwegs habe ich sogar Pilger erlebt, die mit Flipflops unterwegs waren, zumeist aufgrund von akuten Fußproblemen. Auch in Santiago hört man regelmäßig Geschichten von ankommenden Pilgern, die die letzten Tage so viele Blasen an den Füßen hatten, dass sie nur noch mit ihren Badeschuhen weiterlaufen konnten.

Meine Tipps für deinen Schuhkauf

Wenn du noch keine eingelaufenen Wander- oder Trekkingschuhe hast, solltest du am besten in einem Outdoor-Fachgeschäft die verschiedenen Schuhtypen ausprobieren. Ich mache heute meine Schuhwahl für Pilgertouren oder Wanderungen jeweils abhängig von Gewicht und der Länge der Strecke. Wenn ich bedingt durch die Mitnahme von Zelt, Schlafsack und Kochutensilien mehr Gewicht auf dem Rücken habe, nutze ich Wanderschuhe mit knöchelhohem Schaft für einen besseren Halt. Bei längeren Strecken und einem Rucksackgewicht bis ca. 10 Kilo laufe ich nur noch in Trailrunning-Schuhen, genau wie die meisten erfahrenen Weitwanderer auf den großen Trails in der ganzen Welt. Das Gewicht deiner Kleidung und der Ausrüstung ist aus meiner Sicht entscheidend für die Freude am Pilgern.

Wichtig bei der Schuhwahl ist die Größe der Schuhe, die für den Jakobsweg möglichst mindestens eine halbe Nummer größer sein sollten als deine Alltagsschuhe. Der Grund: dein Fuß dehnt sich bei den vielen gelaufenen Kilometern allmählich aus oder schwillt bei größerer Hitze an und benötigt mehr Platz im Schuh. Wird der Schuh zu eng, entstehen Druck und Reibung, die zu Blasen und schmerzhaften Entzündungen führen können.

Wichtig: Beim Anprobieren der Schuhe solltest du unbedingt deine Wandersocken anziehen, da diese dicker als normale Socken sind und zusätzlich Platz im Schuh beanspruchen.

Bitte nicht vergessen, neue Schuhe bereits zu Hause einzulaufen, bevor du auf den Jakobsweg mit mehreren Hundert Kilometern startest.

Welche Kleidung und sonstigen Ausrüstungsgegenstände kann ich dir empfehlen

- Trekkinghose (idealerweise mit Zipp-Off, damit du sie bei warmem Wetter zur kurzen Hose umwandeln kannst).
- Wandersocken, zwei bis maximal drei Paar.
- Eine gute Fleecejacke, die möglichst ein windabweisendes Innenfutter hat.
- Trekking- bzw. Wanderstöcke, alternativ einen Pilgerstab. Damit reduzierst du insbesondere bei den vielen Auf- und Abstiegen den Druck auf deine Gelenke und verteilst besser das Gewicht des Rucksacks. Ich persönlich bevorzuge beim Pilgern anders als beim Wandern einen klassischen Pilgerstab (im christlichen Umfeld auch als Jakobsstab bekannt) mit einer Länge von ca. 150 bis 170 cm, den ich selbst anfertige. Für mich bedeutet dieser Stab auch eine innere Ver-

bindung zu den Pilgern des Mittelalters, die Arbeit daran erhöht zudem meine Vorfreude.

- ➜ Ein zweites Paar Schuhe als Alternative zu den Wanderschuhen. Gut sind leichte Sandalen, mit denen du abends auch in der Stadt herumlaufen oder in den Herbergen die Sanitärräume aufsuchen kannst. Stark im Trend sind sogenannte Barfußschuhe, die deutlich leichter und flexibler als konventionelle Schuhe sind – ich treffe häufig Pilger, die bei geeigneten Wegen regelmäßig zur Entlastung ihrer Füße vom Wanderschuh auf den Barfußschuh wechseln.
- ➜ Regenjacke und Regenhose, besser ist aber ein leichter und einfacher Poncho, der über den Rucksack reicht.
- ➜ Ein ultraleichter Schlafsack, da in den Pilgerherbergen kein Bettzeug zur Verfügung gestellt wird. Als Kopfkissen kann man gut die Fleecejacke oder einen Pullover benutzen.

Unterwegs sein …

- Kopfbedeckung, je nach Jahreszeit. Immer nützlich ist ein Multifunktionshalstuch, das du dir auch über den Kopf ziehen kannst.
- Mikrofaser-Reisehandtuch. Bitte keine Baumwolltücher mitnehmen, da diese nass sehr schwer sind und zu langsam trocknen. Ein Mikrofasertuch hingegen trocknet deutlich schneller. Diese Handtücher lassen sich auch unterwegs leicht und schnell mit Seife oder Shampoo auswaschen.
- Eine LED-Stirnlampe, vor allem wichtig für nachts in den Herbergen, aber auch hilfreich, wenn du am frühen Morgen oder späten Abend unterwegs bist.
- 1-2 Tuben Hirschtalg-Creme, ein bewährtes Mittel gegen Blasenbildung oder Wundlaufen.
- Magnesium-Tabletten: Hiermit kannst du nicht nur dem Muskelkater vorbeugen, sondern Magnesium wirkt sich besonders gut auf die Muskulatur aus. Die Muskeln können besser arbeiten und die Gefahr von Muskelschäden wird reduziert.
- 1 Mini-Powerbank als Ladegerät, sofern du dein Handy intensiv benutzen möchtest – auf dem Jakobsweg herrscht häufig Steckdosenmangel.
- Deinen Pilgerausweis!
- Eine Liste persönlicher Notfallnummern (Bank, Krankenversicherung, Familie und Freunde).
- Einen Rucksack-Haken (S-Haken) oder Ähnliches, mit dem du deinen Rucksack in der Herberge ans Bett hängen kannst.
- Eine Jakobsmuschel als das Erkennungszeichen aller Pilger für deinen Rucksack. Diese bekommst du entweder vorher im Internet oder in vielen Geschäften auf dem Jakobsweg.
- Falls du empfindliche Ohren hast, unbedingt Ohrstöpsel

gegen Schnarcher und sonstige Geräusche in den Herbergen einpacken. Gut sind formbare Ohrstöpsel aus Silikon oder die bewährten von Ohropax.

Mein Tipp: Falls dich die Erfahrungen anderer Pilger und deren Vorschläge sowie komplette Packlisten für den Jakobsweg interessieren, gib einfach mal bei Google oder einer anderen Suchmaschine »Packliste Jakobsweg« ein.

»Es sind die Begegnungen mit Menschen,
die das Leben lebenswert machen.«

Guy de Maupassant (1850–1893), französischer Schriftsteller

Tipps von Pilgern für Pilger

Tipp 1: Stell dich auch mental auf den Jakobsweg ein.
Der Jakobsweg ist kein Spaziergang! Du bist wochenlang unterwegs, hast nur das Nötigste dabei, Komfort ist meistens die Ausnahme und weder dein Bett noch die Duschen in den Herbergen sind so, wie du es von zu Hause gewöhnt bist. Je nach Jahreszeit bist du häufig wechselnden Temperaturen ausgesetzt und wirst mit Schweiß, müden Beinen, angeschwollenen Füßen und einem vom Rucksack schmerzenden Rücken zu kämpfen haben. Deshalb ist es gut, wenn du dich im Kopf auf schwerere Momente einstellst und dir bewusst machst, dass auch diese Herausforderungen zu deinem Jakobsweg dazugehören. Dazu passt auch der nächste Tipp:

Tipp 2: Nicht vergessen – warum mache ich das eigentlich?
Nur ein Teil der Pilger auf dem »Camino de Santiago« sind ausschließlich aus religiösen Gründen unterwegs. Meistens sind persönliche Motive der Anlass, sich auf diese Reise zu begeben. Also, wenn dir zwischendurch mal die Motivation abhandenkommt, solltest du dir deine Gründe einfach erneut ins Bewusstsein rufen – das hilft tatsächlich! Dabei kann dich auch ein Pilger-Notizbuch unterstützen, in dem du zum Start deiner Reise deine Gründe und inneren Ziele für den Jakobsweg festgehalten hast.

Tipp 3: Wasser ist lebenswichtig.

Bei 30 Grad oder mehr in den Sommermonaten ist jedem Pilger klar, dass man viel trinken muss, um nicht zu dehydrieren. Aber auch beim Pilgern in den Frühjahrs- oder Wintermonaten benötigt dein Körper so viel Wasser wie im Sommer.

Bei kalten Temperaturen ist die Luft trockener und dein Körper muss zusätzlich die Atemluft befeuchten und aufwärmen. Dadurch verlierst du mit jedem Atemzug auch Flüssigkeit. Aber nicht nur deine Lungen haben es schwerer, auch dein Körper muss mehr leisten, weil er aufgrund der dickeren Kleidung automatisch mehr Gewicht tragen muss. Entstehender Schweiß verdunstet an der kalten und trockenen Luft schneller und du nimmst u. U. gar nicht wahr, dass du schwitzt. Als Folge davon fühlst du dich nicht so durstig und trinkst weniger.

Nimm dir deshalb vor, auf dem Jakobsweg mindestens 2 Liter Wasser am Tag zu trinken und achte auf regelmäßige Trinkpausen.

Tipp 4: Lauf weiter, auch wenn morgens alles schmerzt.
Wenn ich mich früher beim Sport oder einer Wanderung überanstrengt habe, habe ich mich anschließend einfach erst mal ein paar Tage ausgeruht. Auf meinem ersten Jakobsweg war es dann völlig anders, da tagelange Ruhephasen nach einem Pilgertag dort weder möglich noch sinnvoll sind. In den ersten zwei Wochen haben mir trotz guter Vorbereitung jeden Morgen die Beine und der Rücken wehgetan, ich hatte Muskelkater, der Blick aus dem Herbergsfenster zeigte mitunter Schneeschauer und heftigen Wind – und trotzdem bin ich immer wieder losgelaufen. Und nach einer halben Stunde waren dann die Schmerzen plötzlich weg, ich war wieder in meinem eigenen Pilgerrhythmus und froh, auf dem Camino unterwegs zu sein. Deshalb mein Tipp: Lauf auch mit Muskelkater und schmerzenden Beinen einfach los, auch wenn es dich anfangs Überwindung kostet.

Tipp 5: Wähle deine Kleidung nach dem »Zwiebelprinzip« aus.
Die Langstreckenwanderer (sogenannte Thruhiker), die z. B. den Appalachian oder den Pacific Crest Trail in den USA bewältigen, müssen sich teilweise auf stark wechselnde Wetterbedingungen einstellen. Um Kleidung und damit Gewicht zu sparen, wird die Ausrüstung nach dem Zwiebelprinzip aus-

gewählt. D. h. jedes Kleidungsstück kann wetterabhängig in verschiedenen Schichten kombiniert und übereinander getragen werden, wobei die Funktion jedes Teils aufeinander abgestimmt ist.

Tipp 6: Wirklich nur das Nötigste mitnehmen.

Auch wenn sich dieser Tipp völlig unnötig anhört und du jetzt denkst, *das ist doch völlig selbstverständlich*, nehmen die meisten Pilger zu viel Unnötiges auf ihrem ersten Jakobsweg mit.

Bei der Vorbereitung sollte sich jeder Pilger die Fragen stellen: Brauche ich dieses und jenes wirklich? Kann ich im Notfall nicht etwas anderes dafür benutzen, was ich sowieso bei mir führe? Erfüllt meine zusammengestellte Ausrüstung ihren Zweck oder ist sie überdimensioniert?

Erfahrene Pilger raten, die gesamte Ausrüstung auf den Boden oder einen Tisch zu legen und jeden Gegenstand dreimal prüfend in die Hand zu nehmen. Falls du dir dann noch unsicher bist, frag dich einfach, was als Schlimmstes passieren könnte, wenn du ihn nicht dabeihast? Wenn du überzeugt bist, ohne diesen Gegenstand in gesundheitsgefährdende Situationen geraten zu können: Ab in den Rucksack damit! Anderenfalls lass diesen Teil der Ausrüstung zu Hause.

Tipp 7: Öffne dich und dein Herz und vertraue anderen.
Das Pilgern auf den Jakobswegen beschenkt dich mit zwischenmenschlichen Erfahrungen, die oft eine echte Bereicherung sind. Du sitzt mit Menschen aus aller Welt an einem Tisch zusammen, ihr seid durch das gemeinsame Ziel miteinander verbunden, erzählt euch eure Beweggründe und teilt das Essen miteinander. Und plötzlich merkst du, dass mit dir etwas geschieht, was im Alltag leider viel zu selten geworden ist: Du vertraust wieder wildfremden Menschen. So lässt du deinen Rucksack unbeaufsichtigt und sorglos im Gast- oder Schlafraum stehen oder du erzählst anderen völlig unbefangen von sehr persönlichen Dingen und Gefühlen – du öffnest dich und das tut dir gut.

Tipp 8: Was du als Mensch in deinem inneren Gepäck mit auf den Jakobsweg nehmen solltest.
Mach dir keine negativen Gedanken. Es ist für alles gesorgt! Es gibt völlig zu Recht den Spruch: »Der Camino gibt jedem das, was er braucht.« Viele Pilger werden dir bestätigen, dass du überall eine helfende Hand finden wirst, wenn du sie wirklich benötigst.

Sei neugierig, offen, freundlich und bereit, mit anderen zu teilen.

Sieh den zeitweisen Verzicht auf Luxus und notwendige Einschränkungen als ein Geschenk an.

Geh nicht davon aus, dass alle in Spanien oder Portugal Deutsch oder Englisch sprechen, in Deutschland sprechen ja auch nicht alle Menschen Spanisch oder Englisch.

Genieß das Miteinander, die Stille und die Zeit auf dem Camino und öffne dafür dein Herz!

Verschenke unterwegs das, was du nicht benötigst. Andere können es vielleicht gebrauchen.

Verzichte auf zu viel Planung! Der Camino macht mit dir ohnehin, was er will.

Tipp 9: Stell dich darauf ein: Der Jakobsweg ist ein Abenteuer.

Auf meinem ersten Camino hatte ich Reiseführer, genaue Wegbeschreibungen und Karten dabei. Aber eigentlich habe ich diese so gut wie nie gebraucht. Folge einfach immer der Jakobsmuschel und plane nicht jeden Schritt minutiös vor! Das Symbol der Muschel kommt in allen Formen und Farben vor und weist den Pilgern überall zuverlässig den Weg zum Ziel. Man sieht sie an Hauswänden, an Formationen aus Steinen, mitten auf dem Wanderpfad oder auf Meilensteinen an den Straßen: Sie ist überall und deshalb auch für ungeübte Pilger kaum zu übersehen.

Die ständige Nutzung deines Handys oder GPS-Gerätes zur Navigation lenkt dich nur davon ab, den Jakobsweg wirklich zu erleben und zu genießen.

Tipp 10: Rechne mit der Kraft des geschriebenen Wortes.
Nimm unbedingt ein Tagebuch oder ein Notizbuch mit. Schreib deine Gedanken Gefühle oder Lebensfragen hinein, die dich beschäftigen und auf die du Antworten suchst. Vor allem hilft es dir, mögliche Probleme besser zu reflektieren oder für dich selbst verständlicher darzustellen. Vielleicht möchtest du auch mal spontan etwas zeichnen, was dich besonders berührt hat. Du kannst darin die Begegnungen oder Momente festhalten, die dir wichtig sind. Wenn du Monate später dann in deinem Pilger-Notizbuch blätterst, werden beim Lesen viele schöne Erinnerungen lebendig und vielleicht hilft es dir auch, Entscheidungen, die du auf dem Camino getroffen hast, nicht aus den Augen zu verlieren.

Tipp 11: Wochenlanges Pilgern auf dem Jakobsweg ist anstrengend, und wenn es deine Zeit zulässt, solltest du den 7. Tag für dich als pilgerfreien Tag einplanen.
Schon im Alten Testament lesen wir (2. Mose 23): *»Sechs Tage sollst du deine Arbeit tun; aber den siebenten Tag sollst du feiern, auf dass dein Ochs und Esel ruhen und deiner Magd Sohn und der Fremdling sich erquicken.«*

Nimm dir am 7. Tag Zeit für dich, gönn deinem Körper eine Ruhepause, besuche einen Gottesdienst in einer nahe gelegenen Kathedrale oder einer kleinen Kapelle oder geh einfach entspannt durch die Natur. Du wirst merken, wie wohltuend dieser Tag für dich ist: Deine Akkus werden wieder aufgeladen und deine Vorfreude auf die nächste Etappe wächst.

Tipp 12: Santiago muss nicht das Ende deines Caminos sein, lauf doch einfach noch ein Stück weiter.

Jeder Pilger sehnt sich danach, in der Kathedrale von Santiago de Compostela anzukommen und an der dortigen Pilgermesse teilzunehmen. Diese Messe findet zweimal am Tag statt und wirkt sehr professionell: Übertragung im großen Innenraum und den Seitenflügeln auf Flatscreen-Fernsehern, eine Unmenge an hochgehaltenen Handys, viele elektrische Kerzen und der Applaus in der dreischiffigen Kathedrale nach dem Schwingen des Weihrauchkessels lassen den ursprünglichen Wert des religiösen Pilgerns doch etwas vermissen. Natürlich empfindet das jeder anders, aber mir fehlte nach der Pilgermesse irgendwie das Gefühl des Ankommens. Der Trubel der letzten 100 Kilometer, die Menschenmengen auf den Plätzen, die vielen in- und ausländischen Urlauber sowie die geschäftige Hektik einer typischen Touristenstadt erzeugten bei mir gemischte Gefühle und eine gewisse Leere. Anderen Pilgern ging es ähnlich und so nahm ich dankbar den Rat an, doch einfach noch 4 Tage und ca. 95 Kilometer für den »Camino a Fisterra« anzuhängen, also den verlängerten Jakobsweg von Santiago de Compostela nach Finisterre, dem sogenannten »Ende der Welt« zu laufen. Dieser Jakobsweg beginnt in der Stadt Santiago und sein Ziel ist das Cap Fisterra sowie das Heiligtum da Virxe da Barca in Muxía.

Meine Empfehlung: Pilgere möglichst noch das Stück weiter bis ans Ende der Welt. Das Kap Finisterre ist ein idyllischer Ort am fast westlichsten Punkt Europas und die Sonnenuntergänge dort sind eine wunderschöne Belohnung für jeden Pilger. Hier kannst du in aller Ruhe das persönliche Fazit deiner Pilgerreise ziehen und noch einmal Stille, Natur und das Meer erleben, bevor du dich innerlich auf die Rückkehr nach Hause vorbereitest.

Das »Ende der Welt«: Kap Finisterre

Der Jakobsweg und seine Schattenseiten

In vielen Büchern über den Jakobsweg vermisse ich eines: den Hinweis, dass der Camino nicht nur ein Geschenk für jeden Pilger ist, sondern auch mühsam und quälend sein kann. Egal, wie gut du dich gedanklich und körperlich vorbereitest – es ist etwas völlig anderes, wenn du dich dann tatsächlich auf den Weg machst. Es wird Momente geben, in denen du dich fragst, warum du gerade 30 Kilometer bei Hitze durch eine eintönige Landschaft gelaufen bist, anstatt einfach einen Bus zu nehmen. Und irgendwann in den ersten Tagen erreichen viele Pilger den Punkt, an dem sie sich fragen: »Warum tue ich mir das überhaupt an?« In dieser Situation halfen mir vor allem Gespräche mit anderen Pilgern, aber auch mein Tagebuch, in dem ich bereits vor dem Start meine Gründe und inneren Ziele für die Reise nach Santiago notiert hatte.

»Der Jakobsweg heißt Jakobsweg, weil er aus unendlich vielen Wegen besteht.« Diesen Satz habe ich einmal scherzhaft bei einem Vortrag über den Jakobsweg gesagt und dann einige Fotos präsentiert, die Wege, Wege und noch mehr Wege zeigten. Manchmal geht ein Weg bis zum Horizont, und wenn du dort angekommen bist, geht er einfach genauso weiter.

Stell dich darauf ein, dass es zweierlei Wege gibt: die schönen Pfade, die durch Wälder, über Wiesen und Felder mitten durch eine unberührte Natur führen und nur gelegentlich durch kleine, verschlafene Dörfer unterbrochen werden. Aber spätestens beim Erreichen der ersten Großstadt lernst du die andere Art von Wegen kennen: Der ausgeschilderte Weg führt dich dann durch hässliche Industrievororte und manchmal läufst du stundenlang an einer von vielen LKWs befahrenen Bundesstraße her. Das gehört mit zu den heutigen Jakobswegen und du könntest es nur umgehen, indem du einige dieser Strecken mit dem Bus zurücklegst.

Unterwegs sein – eine weniger schöne Wegstrecke

In meiner Einleitung bin ich bereits darauf eingegangen, dass du auf dem Jakobsweg zwei Rucksäcke trägst: den sichtbaren auf dem Rücken und deinen persönlichen Lebensrucksack. Auch wenn du dir dessen zu Beginn deiner Reise vielleicht noch nicht bewusst bist, wirst du irgendwann doch auf deinen inneren Rucksack stoßen. In ihm sind deine Gefühle und Gedanken, deine Sorgen und Ängste, deine Hoffnungen und Wünsche enthalten, manchmal ganz tief unten; all das, was dich innerlich gewollt oder ungewollt auf deinen Weg nach Santiago begleitet. Insofern solltest du nicht erschrecken, wenn unerwartet Gedanken hochkommen, die für dich schon lange erledigt waren, oder Gefühle, von denen du glaubtest, sie lägen bereits weit hinter dir. Das ist völlig normal und gehört mit zum heilenden Prozess des Pilgerns.

- ➜ Auf dem Jakobsweg bist du nur ein Pilger wie alle anderen auch. Zu Hause bist du vielleicht die wichtige Führungskraft, die ein großes Unternehmen leitet und für die eine Villa, eine Jacht und ein Luxuswagen selbstverständlich sind. Auf dem Camino aber zählst du nur als der Mensch, der du bist. Bei den ersten Gesprächen geht es vor allem um zwei Fragen: Wie heißt du und woher kommst du?
- ➜ Warum läufst du auf dem Jakobsweg?
- ➜ Was erhoffst du dir davon?

Und daraus ergeben sich dann oftmals schöne Begegnungen mit anderen Menschen, die dir lange in Erinnerung bleiben. Also nimm dich ggf. etwas zurück, beindrucke andere Pilger nicht mit dem, was du besitzt, sondern mit dem, was du gibst. Unterwegs anderen zuzuhören oder sie zu trösten, ist manchmal das größte Geschenk, das du machen kannst. Und irgendwann bekommst du es garantiert zurück, wenn du es einmal brauchst.

Nach dem Camino beginnt ein weiterer Weg für dich. Ein Pilgerfreund aus Köln sagte mir einmal: »Der wirkliche Jakobswegs für dich beginnt erst, wenn du wieder nach Hause kommst.«

Das stimmt: Vielleicht kommst du so zurück wie ich, innerlich auf eine gute Art völlig leer, entspannt und mit tiefem Frieden in dir. Neben guten Überlegungen für deine Zukunft möchtest du deine Erfahrungen auf dem Camino am liebsten mit allen Freunden und Bekannten teilen. Natürlich sind deine Freunde anfangs neugierig und wollen wissen, wie es war. Aber schnell kommst du in Versuchung, endlos von deinen Erlebnissen auf »deinem« Camino zu erzählen. Dieses Bedürfnis ist völlig normal, schließlich hast du eine ungewöhnliche Reise hinter dir und dabei vielleicht auch tief in deine Seele schauen können. Aber sei trotzdem nicht enttäuscht, wenn andere deine Begeisterung nicht teilen.

Die zweite Gefahr nach deiner Rückkehr vom Jakobsweg ist, dass du plötzlich in deinem Alltag nicht mehr so zurechtkommst wie vorher. Du warst die letzten 3 Wochen oder länger allein unterwegs, dein einfaches Leben bestand aus Pilgern, Essen, Schlafen und Gesprächen mit anderen Pilgern. Diese Sehnsucht nach Einfachheit und nach Ruhe trägst du nun in dir. Und jetzt ist plötzlich alles wieder laut, hektisch und fordernd. Dagegen hilft dir vielleicht Folgendes:

Geh zu Hause für einen Tag oder ein Wochenende auf einen der regionalen Pilgerwege und hol dir so ein Stück dieser Einfachheit zurück. Integriere das, was du auf dem Camino gelernt hast, also insbesondere Ruhe, Achtsamkeit und Gelassenheit in kleinen Schritten in dein »normales« Leben.

Schau rückblickend in dein Pilger-Tagebuch und schreib deine jetzigen Gedanken einfach noch dazu.

Auch wenn du bisher kein regelmäßiger Kirchgänger warst, aber auf dem Camino Freude an den dortigen Gottesdiensten oder Kirchenbesuchen hattest, dann geh doch auch zu Hause oder unterwegs mal in die Kirche, ordne dort deine Gedanken und öffne dein Herz. Es wird dir bestimmt guttun.

Was ist, wenn es nicht mehr geht und die Reise vorzeitig endet?

Man hört immer nur von Pilgern, die den Jakobsweg erfolgreich bewältigt haben, aber fast nie von denen, die vorzeitig abbrechen mussten. Für einen Abbruch kann es verschiedene Gründe geben: Krankheit, Erschöpfung, unvorhersehbare Ereignisse wie einen Trauerfall zu Hause, zu starke psychische Probleme, Sehnsucht nach der Familie oder dem Partner und manchmal einfach nur die Tatsache, dass man nicht mehr weiterlaufen will, keine Freude mehr daran verspürt.

Sollte es bei dir dazu kommen, kann ich dir nur einen Rat mitgeben: Du läufst den Weg nur für dich, es war deine Entscheidung loszugehen und es ist auch deine persönliche Entscheidung, den Weg notfalls abzubrechen. Als ich 2003 meinen ersten Jakobsweg ging, wussten nur meine Frau und meine Kinder davon, sonst niemand. Der Grund: Falls ich nach 3 Tagen feststellen sollte, dass tägliches Pilgern mir einfach keinen Spaß macht, kann ich ohne große Erklärungen einfach zurückkommen. Auf dem Camino wollte ich dann tatsächlich dreimal abbrechen: in Roncesvalles, als ich völlig erschöpft den Pass über die Pyrenäen hinter mir hatte; dann in der Nähe von Burgos, als mich Mönche in einem kleinen Kloster einluden, anstatt weiterzulaufen doch einfach die verbleibenden Wochen als Bruder bei ihnen zu leben, und schließlich zwei Tage vor dem Erreichen von Santiago, als immer mehr Menschen unterwegs waren und es für mich durch die vielen Kurzstrecken einfach zu hektisch wurde.

Auch wenn es in den Reiseführern selten erwähnt wird, brechen etliche Pilger aller Altersgruppen den Weg vorzeitig ab. Meistens aufgrund massiver Fußprobleme, weil die offenen

Stellen einfach nicht abheilen, aber auch, weil auf dem Weg alte Traumata aus der Erinnerung hochkommen und sie dafür professionelle Unterstützung und Beistand benötigen.

In einem Online-Pilgerforum fand ich diesen sehr offenen Bericht einer Pilgerin, die von Deutschland aus die komplette Strecke nach Santiago pilgern wollte und bereits nach 7 Tagen und 150 Kilometern abbrechen musste. Die Offenheit und die geschilderten Gedanken haben mich sehr berührt und verdeutlichen gut, warum es mitunter zu einem Abbruch der Reise kommen kann:

»Was soll ich sagen …? Manchmal kommt es anders im Leben, als man denkt. 3 Jahre habe ich geplant, an meinem Vorhaben gebastelt, Routen aufgeschrieben und vom Jakobsweg geträumt. Alles in meinem Kopf gehabt, mir immer wieder vorgestellt und sehnsüchtig erwartet. 3 Jahre lang täglich an mein großartiges Vorhaben gedacht. Dann ging ich endlich los. Mit der besten Ausrüstung, dem leichtesten Zelt, teuren Wanderschuhen, ultraleichten Klamotten, Powerbank und, und, und … – alles war bis aufs kleinste Detail durchdacht.

Ich ließ meine Kinder und meinen lieben Mann zu Hause und wir trennten uns. Beide Seiten wussten, wir werden einander zwar vermissen, aber jeder wird es schon gut machen. Wir weinten beim Abschied, aber ich hatte es für mich entschieden: Mein Weg begann. Ich atmete die Luft, jeder Schritt fühlte sich richtig an, ich weinte in der 2. Unterkunft vor Glück, weil sie so wunderschön und liebevoll hergerichtet war. Und ich dachte mir, welche Verschwendung, das alles nur für mich. Wie schön wäre es, wenn meine Kinder und mein Mann auch hier sein könnten.

Warum ging ich eigentlich diesen Weg? Ich wollte alles genießen, endlich mal so richtig loslassen. Tiefe Wunden in mir heilen.

Ich ging am nächsten Tag weiter, atmete diese herrliche Landluft ein, stand in einem Getreidefeld und konnte nicht glauben, dass ich wirklich hier war. Ich schluckte die aufkommende Traurigkeit hinunter und ging meinen Weg, durch Wälder über Wiesen, durch kleine Orte, und es fühlte sich gut an. An meiner Unterkunft angekommen, saß ich in meinem Zimmer und es war gerade mal 14.00 Uhr. Ich hatte 25 km hinter mich gebracht, und ich vermisste meine Kinder. Niemand war da, in der Pension wurde mir nur ein Schlüssel in die Hand gedrückt, und dann war ich allein in einem fremden Ort, in einem scheinbar menschenleeren Dorf. Ich schlief irgendwann ein und wachte morgens auf. Da war es wieder, ein bedrückendes Gefühl. »Warum habe ich dieses negative Gefühl?«, ärgerte ich mich über mich selbst. Ich ging weiter und versuchte, diese Stimmung zu ignorieren, vorbei an wunderschönen Seen und Landschaften, die ich so in Deutschland nicht erwartet hätte.

Ich sagte mir: »Das ist deine Zeit! Genieße sie!« Und das tat ich. Während ich ging, war alles gut. Ich redete mit Schmetterlingen, mit Schafen, mit Katzen und mit mir selbst. Es ist wieder kurz vor 15.00 Uhr, und ich komme in der nächsten Unterkunft an. Ich kann an keinem Tag länger als bis 5.45 Uhr schlafen und ich bekomme auch kaum einen Bissen herunter. Ich lenke mich ab, ich wasche meine Wäsche, wenn ich ankomme, gehe duschen und versuche, sinnvolle Dinge zu tun. Nachzudenken. Ich habe den ganzen Tag nur 2–3 Menschen gesehen. Kurz auf dem Feld einen Bauern auf seinem Traktor und die Dame, die mir die Schlüssel für mein Zimmer gegeben hat, sonst ist niemand da außer mir.

Ich spüre, wie der Kloß in meinem Hals immer schwerer wird und es mir nicht gelingt, die Tränen zu unterdrücken. Ich vermisse meine Familie. Ich rufe zu Hause an, meine Schwester beruhigt mich am Telefon, mein Mann spricht mir Mut zu und sagt: »Du musst dir Zeit geben!« 4 weitere Tage versuche ich, das traurige Gefühl ir-

gendwie abzuschütteln. Es gelingt mir immer nur beim Laufen auf dem Weg: Draußen in der Natur, egal wie allein ich dort bin, dort geht's mir gut. Einen Schritt vor den nächsten, die Blasen an meinen Füßen versuche ich zu ignorieren. Wieder ist es 15.00 Uhr, ich komme in einer Herberge an, der Schlüssel mit einem Zettel hängt an der runtergezogenen Jalousie des Hotels. Der Hinweis auf dem Zettel sagt mir, das Restaurant bleibe heute wegen Krankheit geschlossen, die Rezeption sei nicht besetzt. Ich gehe durch die Gänge des Hotels und sehe keinen einzigen Menschen außer mir selbst. Ich fühle mich plötzlich, als könnte ich keinen Schritt mehr gehen. Ich weine los und vermisse meinen Mann so sehr. Meine Kinder, meine Freunde, meine Wohnung.

Ich begreife, dass der Weg mir gezeigt hat, dass ich die Natur liebe, dass ich keine Angst habe im Wald, keine Angst vor weiten Feldern, keine Angst vor weiten Strecken in Barfußschuhen, aber ich habe Angst vorm Alleinsein. Ich weiß und das wusste ich auch vorher, dass ich eine wunderbare Familie und wunderbare Freunde habe. Ich habe mich übernommen mit dem Wunsch, 4 Monate auf dem Jakobsweg zu sein, vielleicht habe ich schlechte Orte gewählt, falsche Unterkünfte, falsche Schuhe.

Ich bin dann heimgefahren, nach 7 Tagen Gehen und 150 km habe ich meinen Weg einfach abgebrochen und bin erleichtert und traurig zugleich nach Hause gereist. Ich weiß noch nicht, ob es irgendwann nochmal auf den Camino gehen wird. Aber 4 Monate werden es dann nicht und allein wird es auch nicht sein. Es wird irgendwie weitergehen ..., aber jetzt muss ich erstmal meine Familie umarmen.«[1]

---

1 Quelle: Facebook Jakobsweg-Forum, leicht gekürzt

Den Jakobsweg mit Kindern laufen?

Da mir diese Frage in Workshops regelmäßig gestellt wird, möchte ich kurz darauf eingehen. Ich erlebe immer wieder, dass Eltern bzw. nur Mütter oder Väter mit ihren Kindern ein Teilstück des Jakobsweges laufen.

Aufgrund der guten Infrastruktur (Beschilderung, Frequentierung und dem eng ausgebauten Netz an Herbergen und Übernachtungsmöglichkeiten) ist der Camino Francés für das Pilgern mit Kindern am besten geeignet. Das sorgt für die notwendige Flexibilität bei der Länge der Tagesetappen. Empfehlenswert ist, erst in Pamplona zu starten und die gesamte Tour nach Santiago auf zwei Pilgertouren zu verteilen.

Alle Eltern, mit denen ich sprechen konnte, kamen zu dem Schluss, dass der Jakobsweg mit ihren Kindern eine einmalige

Erfahrung war und nicht mit einer normalen Wanderung zu vergleichen ist. Der Zusammenhalt unterwegs, auch unter Geschwistern, die vielen Gespräche und das Erlebnis, den Camino mit den Augen der Kinder zu sehen und zu erleben, haben alle begeistert.

Einige Dinge solltest du beachten, wenn du eine längere Pilgerreise mit Kindern planst

Kinder haben ihr eigenes Zeitempfinden und ihren eigenen Laufrhythmus. Pünktlich um 8 Uhr loszulaufen oder wie geplant zu einer festen Zeit in der nächsten Herberge anzukommen, wird eher selten sein. Sie wollen unterwegs auch mal spielen und bleiben einfach stehen, weil sie in ihrer Neugierde wieder etwas Neues entdeckt haben. Der Weg kann für deine Kinder auch eine gute Schule für das weitere Leben sein. Sie spüren, dass sie Schritt für Schritt auch ein Ziel erreichen können, das ihnen anfangs noch sehr weit entfernt vorkommt.

Wichtig ist auf jeden Fall, das Pilgern als Familie und damit als Gemeinschaft erlebbar zu machen. Es ist sicherlich nicht einfach, deine Kinder jeden Tag neu zu motivieren und dabei gleichzeitig sorgfaltig auf ihre Grenzen zu achten. Das Gehtempo und die Streckenlänge sollten grundsätzlich vom Schwächsten bzw. Kleinsten bestimmt werden.

Ihr solltet nicht im Hochsommer laufen, auf die Tageszeit achten und euch den Kräften, der Stimmung und Energie der Kinder anpassen.

Die Etappenlänge sollte an das Alter der Kinder angepasst sein, jedoch nicht mehr als 15 bis maximal 20 Kilometer. Mit Kindern im Alter zwischen 7-12 Jahren empfiehlt es sich, möglichst nur vormittags zu pilgern, die Mittagshitze zu meiden und möglichst früh am Zielort anzukommen, um den restlichen Tag abwechslungsreich und erholsam zu gestalten. Gerade in den ersten Tagen sind häufige Pausen (nach jeder Stunde ca. 10 Minuten) angebracht. Ganz wichtig: Achte darauf, dass deine Kinder regelmäßig und viel trinken.

Ihre Wanderschuhe sollten die Kinder vorher gut einlaufen

und sich möglichst auch an einen kleinen persönlichen Rucksack gewöhnen.

Erzähle deinen Kindern vom Camino und beziehe sie in jede Planung mit ein, gib ihnen Stimmrecht im »Familienrat«. Erzähle von der Bedeutung des Jakobsweges, seiner Geschichte und den vielen Menschen aus aller Welt, die dort jedes Jahr unterwegs sind. Der Weg ist euer gemeinsames Abenteuer und genauso sollten es deine Kinder auch wahrnehmen.

»Ich traf …«:
Begegnungen auf den Pilgerwegen – Teil 2

Alvaro aus Spanien (ca. 60 Jahre alt)

Als ich nachmittags in der Pilgerherberge in Leon sitze, betritt ein Pilger den Raum, der mir sofort auffällt. Ich bin etwas verwundert darüber, wie herzlich und mit welcher Begeisterung er von den Mitarbeitern der Herberge begrüßt wird. Es ist fast so, als käme er nach Hause. Abends treffe ich ihn in einer kleinen Bar in der Nähe, setze mich an seinen Tisch und komme schnell mit ihm ins Gespräch. Erleichtert wird unsere Verständigung, da er einige Jahre als Gastarbeiter bei Ford in Köln gearbeitet hat, und so unterhalten wir uns in einer gemeinsamen Mischung aus Deutsch und Spanisch. Alvaro erzählt mir seine Geschichte, die mich bis heute in der Erinnerung immer noch tief berührt: Vor elf Jahren ging er mit seinem alten Schulfreund Marcos, der ebenfalls einige Jahre mit ihm in Köln gearbeitet hat, den Jakobsweg. Dazu sollte man wissen, dass es für viele gläubige Spanier christliche Familientradition ist, ein mal oder mehrfach auf dem Camino nach Santiago zu pilgern. Leider ist sein Freund auf dieser Pilgerfahrt vor elf Jahren in der Nähe von Astorga, ca. 200 Kilometer vor Santiago, völlig überraschend an einem Herzinfarkt verstorben.

Und seitdem läuft Alvaro jedes Jahr im Gedenken an Marcos die letzten ca. 350 Kilometer von Leon nach Santiago. Unterwegs zündet er in verschiedenen Kirchen eine Kerze an und betet für seinen Freund. Und nebenbei hat er es sich zur Aufgabe gemacht, auf dieser Strecke anderen Pilgern mit Rat und Tat zu Seite zu stehen, und hilft auch regelmäßig mal für einen

Tag in einer Herberge aus, wenn dort dringend Hilfe benötigt wird. Das Gespräch mit Alvaro war etwas Besonderes und auf den späteren Etappen höre ich in den Pilgerherbergen immer mal wieder seinen Namen oder sehe ein Erinnerungsfoto mit ihm und anderen Pilgern oder den Herbergseltern an der Wand.

Nicole und Sabine aus Berlin, Diego aus Spanien und Manuel aus Portugal (alle ca. Anfang/Mitte zwanzig)

Als ich am späten Nachmittag die Pilgerherberge nahe Burgos erreiche, sitzen dort bereits zwei junge Frauen auf den Stufen des Eingangs und unterhalten sich erkennbar mit Berliner Dialekt. Als Berliner freue ich mich natürlich, hier mitten in Nordspanien zwei Menschen aus meiner Heimatstadt zu treffen. Beim gemeinsamen Abendessen am großen Tisch in der Herberge lerne ich dann die Begleiter von Nicole und Sabine kennen: Diego ist Spanier, studiert genau wie Nicole und Sabine in Berlin und ist der Freund von Nicole. Der andere junge Mann ist Manuel aus Portugal, ein Studienfreund von Diego. Der Abend verläuft nett, aber mir fällt auf, dass Nicole und Diego offenbar ein Beziehungsproblem haben. Nicole verlässt mehrmals den Raum und ihre Freundin Sabine läuft dann hinterher, erkennbar gibt es irgendwelche Spannungen.

Als ich am nächsten Morgen zum Frühstück herunterkomme, sehe ich nur Sabine und Manuel an einem Tisch sitzen, die aufgeregt in einer Mischung aus Englisch, Spanisch und Portugiesisch diskutieren. Manuel spricht wenig Deutsch und Sabine nur einige Brocken Spanisch. Als ich frage, ob ich den zweien helfen kann, erzählen sie mir ihre Geschichte: Nicole und ihr Freund Diego hatten schon länger geplant, gemeinsam den Jakobsweg zu gehen. Nicole wiederum fragte ihre beste Freundin Sabine, ob sie nicht mitkommen wolle, und Diego wiederum fragte das Gleiche seinen Freund Manuel. Und so kam es, dass die vier seit gut 2 Wochen unterwegs waren. Nicole habe aber bereits nach einer Woche völlig die Lust verloren, sich ständig über die schlechten Zustände in den Herbergen beschwert und gestern Nacht noch ein Taxi zum nächsten Bahnhof bestellt, um allein mit dem Zug nach Berlin zurückzukehren. Da ihr Freund Diego ohne sie auch nicht weiterlaufen wollte, sei er kurzerhand mit ihr gefahren. Und da saßen die zwei nun, Sabine und Manuel, die eigentlich beide nie wirklich auf den Jakobsweg wollten, sondern sich nur aus Freundschaft den anderen angeschlossen hatten.

Die beiden beratschlagten sich noch eine Weile und entschieden dann, wenn sie schon mal hier seien, doch einfach weiterzulaufen, solange es ihnen Spaß macht. Wir wünschten uns gegenseitig noch viel Glück und eigentlich wäre hier die Geschichte unserer Begegnung auch schon zu Ende gewesen.

Aber als ich ca. 10 Tage später eine Pilgerherberge erreiche, sehe ich die zwei händchenhaltend auf einer Bank sitzen. Offensichtlich haben sie sich ineinander verliebt. Die beiden erzählen mir, dass sie mittlerweile zusammen sind und beschlossen haben, den Jakobsweg nun noch bis zum Ende zu laufen und sich so richtig kennenzulernen. Einige Monate später schickt mir Sabine per Post eine Nachricht, dass sie beide den Semesterbeginn in Berlin verschoben hätten und stattdessen die komplette Strecke von Santiago nach Saint-Jean-Pied-de-Port zurücklaufen wollten. *»Es ist für uns beide so schön, einfach wochenlang zusammen zu gehen und über alles zu sprechen, uns dabei intensiv kennenzulernen. Eine so tiefe Beziehung habe ich noch nie erlebt …«*

Glaube und Spiritualität auf dem Jakobsweg

»Die geplante Auszeit für sich selbst wird für viele überraschend zu einer Zeit des Glaubens ...«

Ich erlebe immer wieder, dass Menschen genau wie ich bei ihrem ersten Camino als Wanderer starten, dann aber als Pilger zurückkehren. Am Anfang überwiegen noch die große Sehnsucht, einfach loszulassen und loszulaufen, und der Wunsch nach einem Abenteuer. Und dann entdeckst du unterwegs die Spiritualität des Weges und die Spiritualität in dir.

Du spürst mit jedem Schritt die Schöpfung und begreifst, dass du ein Teil davon bist. Deine Beziehung zu der Natur und zu deinen »Menschen-Geschwistern« verändert sich und ich bin sicher, dass du nach deiner Rückkehr vieles achtsamer und wertschätzender wahrnehmen wirst als zuvor.

Unterwegs sein – besondere Momente der Spiritualität

Nein, du musst keiner Religion angehören, um auf den Jakobsweg zu gehen: Der Jakobsweg ist für alle geöffnet – für Trauernde, für Suchende, für historisch Interessierte. Die Stille und das Alleinsein unterwegs werden dich auf jeden Fall berühren. Und vielleicht verändert sich deine Sichtweise unterwegs ähnlich wie bei mir:

Meine Mutter hatte als junges Mädchen am Ende des 2. Weltkrieges in Berlin durch die einmarschierenden Soldaten schreckliche Dinge erleben müssen, die sie tief geprägt und traumatisiert haben. Dazu kamen der Tod meines Zwillingsbruders wenige Wochen nach der Geburt und der frühe Tod meines Vaters, als ich 2 Jahre alt war, sodass meine Mutter ihre 3 Kinder allein durchbringen musste. Alles, was meine Mutter mir zum Thema Gott und Glauben mitgab, war: *»Gott gibt es nicht, sonst würde er nicht so viel Schlimmes und so viele Verbrechen zulassen!«* Mit diesem Standpunkt bin ich aufgewachsen und habe ihn auch bis zu meinem ersten Camino 2003 als richtig vertreten.

In der 2. oder 3. Woche meines Pilgerweges, während mich viele Erinnerungen und Gefühle bewegten, fing ich an, mich mit Gott oder dem Glauben an sich auseinanderzusetzen. Es waren keine freundlichen Dialoge meinerseits, sondern ich schrie teilweise nach oben gerichtet die Fragen, die mir auf der Seele lagen: *»Wo warst du, als ich dich gebraucht hätte, warum hast du meiner Mutter und meinen Schwestern ein derart schweres Leben beschert, warum warst du nie da, wenn ich allein war, Angst oder Probleme hatte – und falls es dich tatsächlich gibt, wo bist du?«* Offen gesagt habe ich allen Frust vieler Jahre in diesen und noch schlimmeren Worten abgeladen und mein Ausbruch hat seltsamerweise dazu geführt, dass ich in den Tagen danach mit mehr innerer Ruhe als zuvor unterwegs Kirchen besichtigt oder darin einfach Ruhe gesucht und gefunden habe.

Und dann, in der vierten Woche des Unterwegsseins, mitten auf einem eintönigen und anstrengenden Wegstück hat es bei mir plötzlich »Klick« gemacht. Ohne damals den wunderschönen Text von »Spuren im Sand« gelesen zu haben, erkannte und fühlte ich plötzlich, dass ich doch nicht der »Lonesome Rider« oder starke Superheld war, der auch schwierigste Situationen seines Lebens allein bewältigt hatte, sondern oftmals im letzten Moment Hilfe und Beistand von »oben« bekam. Ohne es zu merken, wurde ich all die Jahre getragen und beschützt, wenn es einmal nicht mehr weiterging. Es waren nicht meine Spuren im Sand, sondern seine, als er mich trug.

Für mich war es ein sehr persönlicher Moment tiefer Erkenntnis, verbunden mit dem Wissen, dass ich eine Tür, die immer geöffnet war, viel zu lange mit dem Fuß zugehalten hatte. Daraus ergab sich eines der größten Geschenke des Jakobsweges: das Wissen, dass wir unser Gepäck nicht immer allein

tragen müssen und nie wirklich verlassen sind. Und das gute Gefühl, dass wir eine Last, die uns zu schwer wird, loslassen und darauf vertrauen können, dass alles gut wird.

Der Jakobsweg ist gelebte Spiritualität, die sich auch anschließend in deinem Leben fortsetzt. Im christlichen Sinne symbolisiert der Pilgerweg die wiederholenden Phasen deines Lebens: Aufbruch, unterwegs sein zu Neuem, Momente des Innehaltens, dann das Ankommen am Ende des Weges und die Rückkehr nach Hause. Mit allem verbunden ist die Notwendigkeit, dein Herz und deine Seele zu öffnen, zu vertrauen und dich unvoreingenommen auf Neues einzulassen.

Du brichst auf, nimmst dafür Abschied und lässt vieles zurück, das dir vertraut und wichtig ist.

Mein Tipp: Seit dem Mittelalter gibt es den schönen Brauch des Pilgersegens, bei dem die aufbrechenden Pilger in ihrer Kirche feierlich verabschiedet werden. Das ist auch heute noch nach Absprache im Gottesdienst in fast jeder Gemeinde möglich. Dein gutes Gefühl des Aufbruchs wird mit diesem Segen noch zusätzlich positiv verstärkt.

Du bist unterwegs, öffnest dich für Unbekanntes, empfindest neue Dankbarkeit für kleine Dinge und Gesten, Momente der Stille und innerer Leere. In der Fremde lernst du, dich mit wenigem zu begnügen und trotzdem zu Hause zu fühlen.

Zwischendurch folgen **Momente des Innehaltens,** in denen du prüfst, ob du noch auf dem richtigen Weg bist, zurückschaust oder nach vorne blickst. Du fühlst dich wach und lebendig, manchmal aber auch voller Zweifel und Angst. Doch diese Angst wird aufgehoben durch Vertrauen, durch Gebete und die gewachsene Kraft aus dem bereits bewältigten Weg.

Erinnerung: Alvaro, der Spanier, den ich 2003 in einer Pilgerherberge in Leon kennenlernte und der recht gut Deutsch konnte, schenkte mir am Morgen nach unserem gemeinsamen Abendessen noch einen kleinen Zettel mit einer persönlichen Abschrift der ersten Zeilen von Psalm 23 als kleinen »Mutmacher« für meinen weiteren Pilger- und Lebensweg. Diese Geste und der Inhalt haben mich damals sehr berührt:

> *Hola Pedro! Vergiss nicht:*
> *»Der Herr ist mein Hirte, mir wird nichts mangeln. Er weidet mich auf einer grünen Aue und führet mich zum frischen Wasser. Er erquicket meine Seele. Er führet mich auf rechter Straße um seines Namens willen. Und ob ich schon wanderte im finsteren Tal, fürchte ich kein Unglück; denn du bist bei mir, dein Stecken und Stab trösten mich.«*
>
> *Dios te proteja. Buen camino! – Alvaro*

Dann kommst du an. Du bist voller Freude und Stolz über das Erreichte, empfindest aber vielleicht auch etwas Traurigkeit über das Ende deines Unterwegsseins. Bisher hatte jeder Tag seine Aufgabe und sein eigenes Ziel. Wie geht es jetzt weiter?

Du kehrst zurück in ein normales Leben. Dein Heimkommen hat die gleiche Bedeutung wie der Aufbruch. Wie gehst du mit dem Erreichten um, was hat der Weg, der hinter dir liegt, in dir verändert? Wie hältst du deine neu empfundene Spiritualität und die besonderen Momente des Glaubens auch zukünftig so lebendig wie auf dem Camino? Wie bewahrst du dir die Freude an der Natur und die tiefe Verbundenheit mit der Schöpfung?

Aus eigenen Erfahrungen und vielen Gesprächen weiß ich, dass das Erlebte auf dem Jakobsweg mit einem zeitlichen Abstand von 1-5 Jahren immer intensiver verstanden und empfunden wird. Die Dankbarkeit für den Camino ist aus späterer Sicht oftmals noch größer als bei der tatsächlichen Ankunft in Santiago. Es wird immer wieder Situationen oder besondere Momente geben, in denen deine Erinnerungen lebendig werden.

12 Übungen zum Selbstcoaching beim Pilgern

Wir leben heute in einer sehr technisierten Zeit, in der es immer schwieriger wird, noch persönliche Ruhepole außerhalb des Alltags zu finden. Das Pilgern gibt uns wieder die Möglichkeit, Zeit mit uns selbst inmitten der Natur zu verbringen. Aus der Bibel, aber auch von Naturvölkern kennen wir etliche Beispiele, bei denen ein Einzelner sich in die Natur, die Wüste oder die Berge zurückzieht, um in Krisenzeiten eine Lösung auf bestimmte Fragen zu finden.

Der Camino wird dich ebenso inspirieren und dein Herz öffnen, er dient dir gleichermaßen als Lehrmeister, Coach und Spiegel deiner Seele. Für deine innere Pilgerreise möchte ich dir einige Übungen und Anregungen mitgeben, die für dich vielleicht hilfreich sind.

Aufbruch – dein Weg beginnt

Übung 1: Dein Pilgerweg beginnt jetzt.

Den Aufbruch bewusster wahrnehmen, etwas hinter sich lassen.

Alle Pilgerinnen und Pilger haben einen Anlass für die kürzere oder längere Pilgerreise, die nun vor ihnen liegt. Manchem Pilger werden die wirklichen Anliegen erst auf der Reise selbst bewusst, andere erleben Heilung von etwas, was sie nie als Erkrankung wahrgenommen haben.

Aber gerade auf den spanischen Jakobswegen höre ich von Pilgern immer wieder Gründe wie Trauerbewältigung nach Trennung oder Tod, Burn-out, den Wunsch nach einer Auszeit, private oder berufliche Neuorientierung oder der Drang nach einer bestimmten Veränderung.

Viele starten aus Neugierde, möchten das Abenteuer Pilgern aufgrund eines Filmes oder Buches selbst einmal erleben und stellen dann überraschend fest, dass der Jakobsweg häufig Fragen stellt und Antworten gibt, die man nicht erwartet hat.

Für alle, die aus einem bestimmten Anlass auf ihre Pilgereise gehen, habe ich die nachstehende Übung bzw. Anregung entwickelt. Sie ist mehr für einfachere Lebensthemen geeignet und weniger für Trauerfälle oder traumatische Ursachen:

Schreibe auf einzelne kleine Zettel möglichst nur mit einem Stichwort, was du hinter dir lassen möchtest: den stressigen Job, ungesunde Lebensweisen, einen oberflächlichen Freundeskreis, eine unklare Lebensplanung oder einfach die tiefe Sehnsucht nach einer Zeit voller Ruhe und Glaubenskraft. Noch besser als diese Zettel eignen sich von dir gesammelte Symbole aus Naturmaterialien, z. B. eine verwelkte Blume; ein schwerer Stein oder der dornige Ast einer Brombeere.

Wenn du dann aufbrichst, also deinen Pilgerrucksack aufnimmst und den ersten Schritt auf dem Pilgerweg gehst, dann leg deine Symbole an den Wegesrand und tritt bewusst darüber hinweg. Du wirst spüren, dass dieses »Hinter sich Lassen« etwas in dir bewegt und das Gefühl des Aufbruchs und der Freude verstärkt.

Übung 2: Dein Gehtempo bestimmt dein Lebenstempo.

Deinen Alltag entschleunigen oder wieder neu beleben.
Ein häufiger Grund zu pilgern ist der Wunsch nach Entschleunigung in einer aktuell sehr schnelllebigen Zeit. Multitasking sowie der Spagat zwischen Beruf, Freizeit und Familie führen oftmals zu einem viel zu hohen Lebenstempo. Aber auch ein zu langsames Lebenstempo z. B. wegen Unterforderung im Beruf oder Überqualifizierung kann sehr belastend sein. Das tatsächliche »Gehtempo« deines Lebens und der Rhythmus, den du eigentlich leben möchtest, liegen oftmals weit auseinander.

Die nachstehende Übung kannst du beim Pilgern gut in mehreren kleinen Zwischenschritten durchführen, benötigt wird dazu lediglich ein Notizblock.

Zuerst beschreibst du mit einigen wenigen Worten (gerne auch am Vorabend oder beim Frühstück), wie du derzeit dein – zu schnelles oder zu langsames – Lebenstempo wahrnimmst. Passende Worte könnten z. B. »Marathon«, »Achterbahn«, »Rennwagen«, »flüchtiger Hase«, »ICE« oder »Schildkröte«, »Schnecke« sein.

Wenn du einen Begriff gefunden hast, der mit deiner Vorstellung von deinem aktuellen Ist-Lebenstempo übereinstimmt, suchst du dir ein passendes Stück des vor dir liegenden Pilgerweges aus, z. B. die Strecke bis zur nächsten Wegkreuzung. Dabei solltest du nur einen einfachen Weg ohne unnötige »Stolperfallen« wählen, es kann aber gerne bergauf oder bergab gehen.

Nun läufst du für einige Minuten (bzw. bis zu deinem ausgewählten Ziel) genau in der Geschwindigkeit, die der Beschreibung deines negativen Lebenstempos entspricht, also zu schnell, gehetzt oder zu langsam. Achte dabei genau auf deine Körperempfindungen.

Hilfreich dafür sind Fragen wie:

- ➔ Wie nimmst du deine Umgebung bei diesem »falschen« Tempo wahr, entgeht dir bei diesem Tempo vielleicht etwas?
- ➔ Wie fühlst du dich innerlich bei diesem Gehtempo: gehetzt, gelangweilt oder unter Druck?
- ➔ Haben dein aktuelles Lebenstempo bzw. dieses Gehtempo möglicherweise auch etwas Gutes?

Nach diesem Übungsteil empfehle ich dir, deine Wahrnehmungen kurz zu notieren und dann entspannt weiterzugehen. Dabei solltest du in Ruhe und ohne Druck Vorstellungen von deinem Leben mit einem zu dir passenden Tempo und Rhythmus entwickeln.

Zum Abschluss der Übung wählst du jetzt erneut ein Wegstück, das du genau mit deinem Wunschtempo als Gehgeschwindigkeit zurücklegst. Auch dabei überprüfst du deine Körperempfindungen: Passt das angedachte Tempo tatsächlich zu dir oder wäre vielleicht ein Wechsel zwischen unterschiedlichen Geschwindigkeiten bzw. ein gleichmäßiges Tempo besser für dich? Verändere deine Gehgeschwindigkeit einfach so lange, bis du eine innere Übereinstimmung damit spürst.

Mein Tipp: Besonders hilfreich ist es, diese Übung gemeinsam mit einem Mitpilger zu absolvieren, den eine ähnliche Fragestellung bewegt, und sich gemeinsam über die Eindrücke und Erkenntnisse auszutauschen.

Am Ende des Pilgertages oder bei einer Rast solltest du dann im Gespräch mit anderen oder selbst mit Unterstützung deiner Notizen konkret überlegen, wie du dein neues »Wunsch-Lebenstempo« in den zukünftigen Alltag übertragen kannst.

Dabei helfen dir Fragen wie:

- ➜ Wie kannst du dein Leben konkret entschleunigen?
- ➜ Wie kannst du zukünftig (Temin-)Druck vermeiden oder vermindern?
- ➜ Gibt es Ideen, wie du wieder mehr Dynamik, Tempo und Lebensfreude in deinen Alltag bekommst?

Gibt es Zeit- und/oder Kraftfresser in deinem Alltag, die du abschaffen oder einschränken kannst?

Übung 3: Die Brückenpfeiler meines Lebens.

Was gibt dir Kraft und Halt im Leben? Persönliche Bestandsaufnahme und vielleicht die Einleitung zu Veränderungen. Diese Übung ist besonders gut für eine mehrtägige Pilgerwanderung geeignet, aber du kannst sie auch auf einzelne Pilgertage verteilen. Deine Gedanken und Erkenntnisse solltest du unterwegs nach Möglichkeit in einem Notizbuch festhalten.

Der erste Pilgertag bzw. deine ersten Pilgertage dienen der Bestandsaufnahme, einer Art innerer »Inventur«. Setz dich auf keinen Fall unter Zeitdruck, erzwinge nichts, sondern lass deine Gedanken zu den einzelnen Punkten einfach fließen und achte vor allem auf die Gefühle, die dabei in dir aufkommen.

Mein Tipp: Stell dir alles, was dich heute und zukünftig als Mensch ausmacht, als eine Brücke vor, die dich trägt und über die du durch das Leben gehst. Diese Brücke steht auf mehr oder weniger starken Brückenpfeilern, die vielleicht noch gestärkt werden sollten, um dauerhaft zu halten. Auch auf deinem Jakobsweg wirst du über viele Brücken gehen, die zum Teil bereits Jahrhunderte überdauert haben.

Brücke in Puente la Reina (11. Jahrhundert)

Es kann eine starke, visuelle Unterstützung sein, wenn du während bzw. nach der Bestandsaufnahme einfach eine Brücke in dein Notizheft zeichnest und dabei deine persönlichen Brückenpfeiler entsprechend ihrer Bedeutung und ihres aktuellen Zustandes einfügst.

Hilfreich ist auch, beim Pilgern unterwegs kleine Gegenstände in der Natur zu sammeln, die für dich die einzelnen Lebensbrückenpfeiler symbolisieren. Z. B. einen Stein für die feste Beziehung zu deiner Familie oder einem Freund/einer Freundin; ein welkes Blatt für deine Beziehung zum Job; die Jakobsmuschel als Zeichen deines Glaubens; eine bunte Blüte für deine Kreativität; ein kleiner, morscher Ast für etwas, das dich zurzeit belastet, oder ein Kleeblatt für den Lebensbereich, der dich besonders mit Glück erfüllt.

Wenn deine Bestandsaufnahme abgeschlossen ist und du alle Symbole dafür gesammelt hast, lege sie auf die Erde oder auf einen Tisch. Darüber kommt ein längerer Ast, der die Brücke darstellt, und dann lässt du einfach das Gesamtbild auf dich wirken.

Körper

- Gehst du wertschätzend mit deinem Körper um, tust du ihm regelmäßig etwas Gutes?
- Wie wohl fühlst du dich in deinem Körper?
- Gibt es eine Möglichkeit, deinen Körper bzw. deine Gesundheit zu stärken oder zu verbessern, die du aber aus irgendwelchen Gründen nicht wahrnimmst?
- Kannst du dich auf deinen Körper verlassen?

Soziales Netzwerk/Familie/Freunde

- Wie wichtig sind deine Familie und/oder deine Freunde für dein Leben?
- Wer steht dir innerlich besonders nahe, wer ist dir besonders wichtig?
- Wer gibt dir besonders viel Kraft und Energie, wer schenkt dir Liebe und Zuneigung?

Alltag/Beruf

- Wie empfindest du deine Arbeit, wie viel Sicherheit und Sinnerfüllung gibt sie dir?
- Entspricht deine aktuelle Beschäftigung deiner Berufung oder würdest du lieber etwas ganz anderes machen?

Innere Werte

- ➜ Was sind eigentlich deine Wertvorstellungen, was ist dir wirklich wichtig?
- ➜ Wie lebst du deine inneren Werte?
- ➜ Woher kommen deine Werte: aus eigenen Lebenserkenntnissen, aus deinem sozialen Umfeld oder aus deiner Vergangenheit?
- ➜ Haben sich deine Werte im Laufe deines Lebens verändert und wenn ja, wie?

Glaube und Spiritualität

- ➜ Welche Beziehung hast du zum christlichen Glauben, was bedeutet dir Spiritualität?
- ➜ In welchen Momenten deines Lebens hast bzw. hattest du eine besondere Nähe zu deinem Glauben bzw. zur Spiritualität?
- ➜ Welche christlichen Werte sind dir wichtig und welche sind direkt mit deinem Leben verbunden?

Persönlichkeit

- → Wer bist du eigentlich und was macht dich aus?
- → Könntest du das, was dich ausmacht, anderen, z. B. einer neuen Freundin oder einem Mitpilger, mit einigen wenigen Sätzen erklären?
- → Wie nimmst du dich selbst als Persönlichkeit wahr?
- → Gehst du wertschätzend und verzeihend mit dir um?
- → Wie groß ist deine Sehnsucht nach Veränderungen und deine Bereitschaft dazu?

Freizeit, Kreativität und Lebenswünsche

- → Wie wichtig ist dir finanzielle Sicherheit, wie sehr bestimmen Geld und Einkommen dein aktuelles Leben?
- → Wie sehr würde sich dein Leben ändern, wenn du zukünftig weniger oder mehr Geld hättest?
- → Wie gestaltest du deine Freizeit, wie sinnvoll und fördernd sind deine Freizeitaktivitäten?
- → Wo und wie würdest du dich in deiner Freizeit gerne mehr engagieren, welche neue Erfahrung möchtest du gerne machen?
- → Wann hast du zuletzt in deiner Freizeit etwas völlig Neues für dich entdeckt oder erlebt?
- → Wenn du dir 3 ungewöhnliche Lebenswünsche erfüllen könntest, welche wären das?

Nun hast du ein gutes Gesamtbild von dir selbst und weißt, welche »Brückenpfeiler« die Brücke stützen, über die dich dein Lebensweg führt. Manche dieser Pfeiler sind stark, andere vielleicht etwas beschädigt oder nur behelfsmäßig vorhanden. Schau dir jetzt die gezeichneten Pfeiler oder das jeweilige Symbol an, das du dafür gesammelt hast. An welchen möchtest du

vielleicht etwas verändern, welche willst du neu aufbauen oder stärken?

Mir persönlich hilft es, bei jedem meiner Brückenpfeiler zu überlegen, wie ich ihn stärken kann und wie sich eine Veränderung auf mein Leben auswirken würde. Warum sind manche Brückenpfeiler schwächer oder beschädigt, in welcher Beziehung stehen einzelne von ihnen zueinander?

Wenn du dich entschieden hast, einen oder mehrere deiner Brückenpfeiler zu verändern oder zu stärken, solltest du an eine konkrete Umsetzung gehen. Schreibe einfach alle Ideen und Gedanken dazu auf, lege aber auch fest, wie du in den nächsten Wochen an der Umsetzung arbeiten kannst.

Mein Tipp: Nimm die gesammelten Symbole oder ein Foto davon mit nach Hause, um dich daran zu erinnern. Motivierend ist auch, wenn du zu dem Lebensbereich, den du verändern möchtest, nicht nur ein Symbol zum Ist-Zustand hast, sondern auch einen Gegenstand sammelst, der deiner späteren Wunschversion entspricht. Also als Gegenstück zu dem welken Herbstblatt z. B. einen kleinen Ast mit vielen frischen Blättern, um so eine innere Aufbruchstimmung zu erzeugen.

Zum Abschluss: Vergiss nicht, du bist mit den Brückenpfeilern deines Lebens immer verbunden, sie machen dich aus und sind wertvoller Bestandteil deiner Lebenserfahrung. Auch wenn nicht jeder dieser Pfeiler deine Brücke gleichermaßen trägt, gehört er doch zum großen Ganzen. Insofern freu dich über alles, was zum Erhalt deiner »Lebensbrücke« beiträgt, aber belaste dich auch nicht unnötig damit, dass der eine oder andere Brückenpfeiler vielleicht nie ganz perfekt sein wird …

Übung 4: Wie geht es eigentlich deinem Körper?

Den eigenen Körper bewusster wahrnehmen und Probleme erkennen.

Auf den Jakobswegen habe ich viele Pilgerinnen und Pilger kennengelernt, die völlig unabhängig vom Alter über körperliche Probleme geklagt haben. Dabei ging es aber häufig nicht um ernsthafte Erkrankungen, sondern oft um körperliche Beschwerden, die durch Stress, unterdrückte Gefühle und schwierige Lebensumstände verursacht wurden. Wer schon einmal persönlich von einem Burn-out betroffen war, weiß, welche massiven körperlichen Auswirkungen damit verbunden sein können.

Umso wichtiger ist es, sich ausführlich mit seinem Körper auseinanderzusetzen, seinen Körper wahrzunehmen und die Schmerzursachen zu erkennen. Eine hilfreiche Übung dafür ist das Nachbilden deines Körpers oder einzelner Körperteile während einer Pause auf deinem Pilgerweg, für den du nur Dinge verwenden kannst, die du vor Ort findest. Such dir dafür eine ruhige Stelle in der Natur, die sich gut zum Sammeln von verschiedenen Naturmaterialien eignet.

Bei der Gestaltung geht es nicht um Kreativität und besondere Originalität, sondern ausschließlich um deine persönliche Wahrnehmung. Sei völlig locker und offen, denk nicht zu lange darüber nach und horche einfach in dich hinein: starte mit einem Körperteil wie dem Kopf oder einem Fuß oder beginne in der Körpermitte mit dem Bauch. Hör dabei nur auf deine Gefühle und sammle einfach ein Naturmaterial, das mit deiner Wahrnehmung dieses Körperteils in Bezug steht.

- Welche Materialien benutzt du für welches Körperteil, für welches nimmst du einen eher leichten oder schweren Gegenstand? Empfindest du deinen Magen/Bauch, als wäre er mit schweren Steinen gefüllt? Fühlt sich dein Herz leicht wie die gefundene Feder eines Vogels an oder ist es eher ein leerer Fleck in dem Abbild deines Körpers?
- Was stellst du vielleicht grün und gesund dar, welches Körperteil fühlt sich für dich eher wie ein morscher Ast oder ein welkes Blatt an?
- Wie und mit welchen Materialien gestaltest du deinen Kopf, wie dein Herz?
- Wie hast du deine Beine, deine Füße dargestellt, sind die ausgewählten Materialien ein Symbol für Standfestigkeit oder Leichtigkeit?

Zu welchen Körperteilen hast du keinen Bezug, keine echte Wahrnehmung? Was hast du für diese Stellen als »Platzhalter« verwendet?

Schon während du die Materialien für deinen Körper sammelst und mit dem Gestalten beginnst, kann es sein, dass du erste Erkenntnisse gewinnst. Aber auch wenn nicht, solltest du dir nach Fertigstellung viel Zeit nehmen, um dein gesamtes Körperbild in Ruhe zu betrachten.

Wo würdest du gerne etwas verändern, wo würdest du dir zukünftig mehr farbige Blüten oder nahrhafte Beeren wünschen? Gibt es Körperteile, die du mehr oder weniger wahrnimmst als andere? Was benötigt dein Kopf, was dein Herz und was dein Bauch? Was beschäftigt, was bewegt dich, wenn du dir dein aktuelles Körperbild in Ruhe anschaust?

Mein Tipp: Halte all deine Gedanken und Erkenntnisse in einem Notizbuch fest und mach möglichst ein Foto von deinem per Natur gestalteten Körper oder den einzelnen Körperteilen. So kannst du dich auch zu einem späteren Zeitpunkt nochmals mit diesen Fragen beschäftigen.

Spannend wird es, wenn du am Folgetag oder zu einem späteren Zeitpunkt der Pilgerreise diese Übung wiederholst, diesmal aber nicht den Ist-Zustand deines Körpers abbildest, sondern ein Wunschbild deines inneren Idealkörpers mit Naturmaterialien gestaltest.

»Oft liegt das Ziel nicht am Ende des Weges, sondern irgendwo an seinem Rand.«

Ludwig Strauss (1892–1953), deutscher Schriftsteller

Übung 5: Körper hilft Seele.

Mit geanderter Körperhaltung die eigene Psyche unterstützen. Aus der Psychologie ist bekannt, dass über die Körperhaltung auch die Emotionen, Bewertungen sowie Wahrnehmung und Verarbeitung von bestimmten Situationen und Informationen gezielt beeinflusst werden können. Beispiel: Wenn du in Kenntnis einer bevorstehenden schwierigen Situation bewusst ruhig und gelassen reagieren möchtest, hilft es dir, wenn du in dieser Situation auch eine entspannte Körperhaltung einnimmst. Dieser Effekt basiert auf der physiologischen Vernetzung des gesamten Nervensystems im menschlichen Organismus. Ein weiteres Beispiel erleben wir häufig vor sportlichen Wettkämpfen, bei denen sich die Athleten bewusst in eine angriffslustige und energiegeladene innere Haltung hineinsteigern.

Mit der nachstehenden Übung, die du gut auf kleineren Wegstrecken bei der Pilgertour durchführen kannst, gewinnst du Erkenntnisse über die Beeinflussung deiner inneren Verfassung durch eine geänderte Körperhaltung.

Zur Vorbereitung schreibst du auf 12 kleine Zettelchen oder ein Blatt Papier folgende Bezeichnungen für eine innere Haltung: »spielerisch/kreativ«, »optimistisch/zuversichtlich«, »angriffslustig«, »energiegeladen«, »willensstark«, »konzentriert/aber gelassen«, »fokussiert/zielgerichtet«, »selbstsicher«, »neugierig«, »locker/entspannt« sowie »mutig und voller Selbstvertrauen«.

Auf deinem Pilgerweg fängst du nun mit einem Begriff aus dieser Auswahl an, nimmst bewusst eine dazu passende Körperhaltung ein und bewegst dich ein Stück weit in dieser Form weiter. Also gehst du z. B. eine Zeit lang »locker/entspannt« oder »optimistisch/zuversichtlich« und machst dann eine kurze Pause. Während dieser Pause notierst du die Erfahrungen, die du dabei gemacht hast, oder tauschst dich mit einem teilnehmenden Mitpilger darüber aus.

Anschließend probierst du bzw. probiert ihr die nächste körperliche Haltung und den damit verbundenen Begriff aus.

Wenn du auf diese Art alle Karten durchgespielt und entsprechende Eindrücke gewonnen hast, solltest du in Ruhe bewerten, welche Körperhaltung dich am meisten positiv bestärkt hat.

Nun überlegst du dir, welche innere Verfassung dich im Alltag vermutlich am ehesten unterstützen könnte, um das umzusetzen, was du dir vorgenommen hast. Das müssen nicht nur die Begriffe dieser Beispielkarten sein, sondern du kannst auch eigene Formulierungen dafür finden, die du entsprechend aufschreibst.

Abschließend gehst du ein Stück des Weges und nimmst dabei die innere Haltung deines neuen, persönlichen Kärtchens ein und beobachtest, ob das die gewünschten positiven Gefühle auslöst.

Übung 6: Wer bin ich eigentlich?

Licht- und Schatteneigenschaften an dir selbst positiv wahrnehmen.

Für diese Übung kannst du gut eine kleine Pause beim Pilgern nutzen. Setz dich entspannt hin, leg ein Stück Papier oder dein Pilgernotizbuch und einen Stift bereit. Nimm dir jetzt maximal 10 Minuten Zeit, um völlig spontan und intuitiv alle Eigenschaften aufzuschreiben, die du mit dir verbindest. Also sowohl vermeintlich negative Eigenschaften als auch positive – wichtig ist, nicht lange nachzudenken, sondern das zu notieren, was dir in Bezug auf dich sofort einfällt.

Also z. B.: »Ich bin kreativ, mutig, zurückhaltend, ängstlich, nachdenklich, fröhlich, fordernd, zu nachgiebig, großzügig, dominierend usw.«

Nach diesen ca. 10 Minuten liest du dir alle Eigenschaften in Ruhe durch. Sei dir bitte bewusst, dass sie alle zu dir gehören und dich und deine Persönlichkeit ausmachen. Jetzt wählst du 2 Eigenschaften aus, die du als positiv empfindest und die dir besonders wichtig sind, sowie 2 relevante Eigenschaften, die du als eher negativ empfindest. Diese 4 Eigenschaften geben dir eine erste Einschätzung über deine wichtigsten Licht- und Schattenseiten. Such dir nun in der Natur 4 Gegenstände, die du als Symbole für die ausgewählten 4 Eigenschaften nehmen möchtest, z. B. ein Blütenblatt als Symbol für »ich bin lebensbejahend« oder einen Stein für »ich bin zurückhaltend«, ein Blatt für »ich bin kreativ« oder einen kleinen Ast für »ich bin manchmal stur«.

In den nächsten Stunden bzw. auf deinem weiteren Pilgerweg solltest du immer wieder einen der Gegenstände in die Hand nehmen und versuchen, deine Eigenschaften und die Gegensätze zwischen ihnen noch deutlicher zu erspüren. Wichtig ist dabei vor allem, dir bewusst zu machen, ob eine vermeintlich negative Eigenschaft nicht vielleicht auch etwas Positives für dich hat. Schützt dich deine empfundene Sturheit vielleicht manchmal vor schlechten Erfahrungen oder übereilten Entscheidungen und hat deine Kreativität tatsächlich nur positive Seiten?

Diese Form der Auseinandersetzung mit deinen persönlichen Eigenschaften macht dir deutlich, dass Licht- und Schattenseiten eines Menschen oftmals nicht klar abgetrennt sind, sondern teilweise ineinander verschwimmen. Eine Eigenschaft wie »ich bin hilfsbereit« oder »ich bin liebevoll« kann auch negative Aspekte beinhalten, während »ich bin schnell aufbrausend« durchaus etwas Befreiendes haben und einem Burn-out vorbeugen kann.

Übung 7: Was bedrückt/beschäftigt dich eigentlich?

Wie du herausfindest, was dich aktuell innerlich beschäftigt.
Vielleicht kennst du die Situation aus eigener Erfahrung: Du gehst spazieren oder bist auf einem Pilgerweg unterwegs und spürst im Unterbewusstsein, dass dich etwas beschäftigt, kannst es aber nicht richtig greifen bzw. definieren.

Beim Finden deines aktuellen Themas kann dir die nachstehende Übung helfen. Such dir einen ruhigen Platz in der Natur und sammle im Umfeld oder auch aus deinem Pilgerrucksack folgende Gegenstände: Einen schweren, einen leichten, einen harten, einen weichen, einen schönen, einen spitzen und einen außergewöhnlichen Gegenstand. Z. B. einen Ast, ein Blatt, einen Stein, ein Stück Moos, eine Blume, einen spitzen Bleistift und etwas Außergewöhnliches wie dein Pilgernotizbuch.

Nimm nun alle Gegenstände nacheinander in die Hände, fühle sie und überleg dir dabei, was du in deinem Leben im Moment als schwer, als leicht, als hart, als spitz (verletzend) oder besonders schön empfindest. Du wirst schnell merken, bei welchem Thema du innerlich die größte Resonanz empfindest. Mit diesem Thema kannst du dich dann auf deinem weiteren Pilgerweg beschäftigen.

Übung 8: Gute Vorsätze in die Tat umsetzen.

Wie du Ziele realistisch erreichst.
Was haben der Jahreswechsel und Pilgern gemeinsam? Sowohl der Jahreswechsel als auch das Pilgern animieren dazu, über sich selbst und mögliche Veränderungen im weiteren Leben nachzudenken. Sinnvolle Vorsätze gibt es viele – sich gesünder ernähren, sich wieder mehr bewegen, weniger Stress, mehr Zeit für Freunde und Familie haben, privat oder beruflich neu durchstarten oder etwas Belastendes endlich hinter sich lassen.

Der erste Schritt ist in der Regel sehr einfach: Was möchtest du verändern, worum geht es dir? Und vielleicht hast du unterwegs auch schon vage über die konkrete Umsetzung nachgedacht. Aber dann geht es dir wie vielen anderen auch: Du kommst vom Pilgern zurück, möchtest die Veränderungen aktiv angehen und weißt nicht wirklich, wie du damit starten kannst. Oder du beginnst, verlierst aber nach 2-3 Wochen im Alltag die Lust und nichts ändert sich wirklich.

Deshalb kann es dir helfen, wenn du dich bereits unterwegs mithilfe deines Pilgernotizbuches konkret mit der späteren Umsetzung beschäftigst.

Mein Tipp: Nimm dir nur Veränderungen vor, die für dich noch »greifbar« sind und deren praktische Umsetzung im Rahmen deiner persönlichen Möglichkeiten liegen.

»In 4 Wochen will ich einen Marathon laufen« ist sicherlich ein beeindruckender Vorsatz, aber wenig realistisch, wenn du derzeit beim Pilgern bereits nach 2 Stunden Fußweg völlig fertig bist.

Ein Beispiel aus der Praxis: Du pilgerst derzeit, weil du merkst, dass du kurz vor einem Burn-out stehst und spürst, dass dein aktueller Lebensrhythmus deinen Körper und deine Psyche zerstört. Dein guter Vorsatz könnte also darin bestehen, dir zukünftig mehr Zeit für dich zu nehmen und achtsamer sowie gelassener zu leben. Schreib nun für dich auf, welchen Nutzen du davon hättest, wenn du dein Leben in dieser Form verändern würdest. Welche positiven Auswirkungen hätten weniger Stress und mehr Achtsamkeit für dich und die Menschen, die dir am Herzen liegen. Als Nächstes stellst du dagegen, was passieren könnte, wenn du dein »Versprechen« nicht einlöst, sondern so weitermachst wie bisher.

Hast du früher schon einmal versucht, an diesem Problem zu arbeiten oder etwas zu verändern – was hat dich damals davon abgehalten, diesen Weg zu gehen? Wie wichtig auf einer Skala von 1–10 ist dir dein Vorsatz bzw. die Veränderung, die du angehen möchtest? Womit möchtest du dich belohnen, wenn du deinen Vorsatz eingehalten hast, wenn du die Veränderungen konkret umgesetzt hast? Gibt es vielleicht ein kleines Ritual, das du regelmäßig wiederholen kannst, um dich an deinen Vorsatz zu erinnern? Hast du einen »Sparringspartner« (Familie, Freundin/Freund), der dich unterstützen könnte?

Das Ziel dieser Übung ist es, dir zu helfen, deinen Vorsatz bzw. Änderungswunsch realistisch zu wählen oder ggf. in realistische Unterziele aufzuteilen. Dann solltest du dir die Zeit nehmen, einen möglichst konkreten Plan zu entwerfen, mit dessen Hilfe du deinen Vorsatz in die Tat umsetzen kannst. Also anstatt »Ich laufe Marathon« lieber den konkreten Plan, zukünftig montags, mittwochs und freitags zuerst jeweils 15 Minuten und ab der 3. Woche jeweils 30 Minuten zu laufen.

Oder anstatt »Ich ernähre mich nur noch gesund« besser mit »ich esse täglich entweder Obst oder Gemüse« zu beginnen ...

Übrigens: Viele Pilger bringen sich von unterwegs einen Gegenstand aus der Natur mit, der ihren Vorsatz symbolisiert oder machen ein passendes Foto (z. B. von einer Weggabelung, einem überquerten Bergpass, einem Sonnenaufgang als Symbol für einen Neuanfang), das sie dann zu Hause aufstellen und als Motivationshilfe nutzen.

Übung 9: Dankbar für den Pilgertag.

Die besonderen Momente des Pilgerns voller Dankbarkeit wahrnehmen und würdigen.
Mit dieser Übung, die nach Möglichkeit ein tägliches Ritual deines Pilgerganges werden sollte, möchte ich dir helfen, positive Ereignisse und Momente besser wahrzunehmen und dein Glücksempfinden zu steigern.

Dafür führe ich beim Pilgern immer einen kleinen Stoff- oder Zippbeutel griffbereit bei mir. Immer wenn ich dann im Laufe des Tages einen besonders schönen Moment bewusst wahrnehme, sammle ich einen kleinen Gegenstand aus der Natur wie einen Stein, ein Blatt, ein Stück Holz auf und deponiere es im Beutel. Zu diesen Momenten kann eine besondere Aussicht, eine erfrischende Pause, das Gefühl, eine schwierige Steigung geschafft zu haben, eine interessante Begegnung, ein Moment bewussten Wohlfühlens oder Innehaltens in einer kleinen Kirche am Wegesrand zählen. Es gibt keine Vorgaben dafür, nur dein Gefühl ist entscheidend.

Am Abend in der Pilgerherberge schütte ich dann den Beutel mit den Sammlerstücken dieses Tages aus und erinnere mich bei jedem Gegenstand an das kleine Glück, das ich in dem Moment empfunden habe.

Am nächsten Tag lege ich beim Losgehen meine Fundstücke am Wegesrand ab und starte mit diesem tiefen Gefühl der Dankbarkeit für gestern und voller Erwartung auf das Gute von heute.

Mein Tipp: Eine schöne Variante ist es auch, in dein Pilger notizbuch eine Art Glückstagebuch zu integrieren, indem du jeden Tag deine persönlichen Dankbarkeitsmomente festhältst. Ich verspreche dir, wenn du dieses Ritual 2 oder 3 Wochen lang durchhältst, wird sich dein Leben deutlich erfüllter und reicher anfühlen. Diese Wertschätzung für die kleinen Momente und die damit verbundene Dankbarkeit helfen dir aus einer negativen Stimmung heraus und machen deutlich, wie unwichtig und belastend unser ständiges Streben nach »schneller, höher, weiter« ist.

Übung 10: Innerlich zur Ruhe kommen.

Als Pilger die Natur bewusster wahrnehmen.
Diese Übung hat sich bei meinem ersten Jakobsweg wie von selbst eingestellt und aus vielen Gesprächen weiß ich, dass andere eine ähnliche Erfahrung gemacht haben. Irgendwann nach ca. einer Woche des Unterwegsseins hatte ich plötzlich das Bedürfnis, mir nicht einfach wie sonst auch eine Bank für die Pause zu suchen, sondern das große innere Bedürfnis, meinen Pilgerrucksack abzulegen und mich einfach auf der nächsten Wiese flach auf den Rücken zu legen. Ich kann es schwer erklären, aber es war wohl die Mischung aus angenehm warmer Aprilluft, dem Duft der Natur und dem wunderbaren Gefühl, auf dem Jakobsweg unterwegs sein zu dürfen. Ich hatte diesen starken Drang, mich mit der Erde buchstäblich zu verbinden, um die Natur noch intensiver wahrzunehmen. Gesagt, getan – auf einer nahen Wiese habe ich mich einfach hingelegt, Arme und Beine weit von mir gestreckt, die Wolken und den Himmel bewundert und mich dabei Gott und den Menschen so nah gefühlt wie selten zuvor.

Seitdem ist das kleine Ritual, dieses »sich zwischendurch einfach mal auf die Erde legen« ein regelmäßiger Bestandteil meines Pilgerns geworden. Auch bei schlechterem Wetter genieße ich zumindest einmal am Tag den wechselnden Blick nach oben: auf das sich ständig verändernde Spiel der Wolken, den unterschiedlichen Geruch der Pflanzen, den Duft feuchter oder sehr trockener Erde.

Übung 11: Unterwegs seelischen Ballast ablegen.

Warum ein Steinhaufen auf dem spanischen Jakobsweg so wichtig ist …

Ein bekanntes Wahrzeichen des Caminos ist das Cruz de Ferro, ein paar Kilometer hinter Foncebadon. Seit Jahrhunderten legen an dieser Stelle Pilger ihren aus der Heimat mitgebrachten Stein ab, Symbol für eine Last oder eine begangene Sünde, die sie ablegen wollen. Das dort aufgestellte hohe Kreuz aus Holz und Eisen ist für viele eine Station, die mit starken Gefühlen und Erwartungen verbunden ist.

Der Platz selbst war für mich auf den ersten Blick eher eine Enttäuschung: ein großer, ungepflegter Parkplatz, ein Steinhaufen, darauf das Kreuz, eine Mischung aus Gedenkstätte bzw. Altar und Abfallhaufen. Das Cruz de Ferro öffnet sich erst auf den zweiten Blick: Kreuze, Heiligenbildchen, bemalte oder beschriebene Steine und Jakobsmuscheln, Fotos, kleine Botschaften, Spuren fremder Schicksale machen dir bewusst, dass hier Menschen buchstäblich ihre Last abgelegt haben und befreit davon ihren Weg fortsetzen konnten.

Viele Pilger sind unterwegs, um etwas hinter sich zu lassen, etwas loszuwerden. Egal ob es Sorgen sind, schlechte Eigenschaften, eine schwierige Beziehung oder Verluste. Aber alle verbindet in der Regel ein Ziel: Sie erhoffen sich vom Camino, ihre Sorgen irgendwann hinter sich lassen zu können oder Antworten auf ihre Fragen zu finden.

Wenn dir der Pilgerweg bei der Lösung deines Problems geholfen hat und du innerlich bereit bist, die Veränderungen auch anzunehmen, kann es guttun, deine Sorgen auch symbolisch abzulegen.

Cruz de Ferro

Eine gute Pilgerfreundin von mir empfiehlt dafür folgendes Ritual: Sie sucht sich vor Beginn ihrer Pilgertour einige flache Kieselsteine und schreibt mit einem Filzstift entweder ein Stichwort oder malt ein Symbol für ihren jeweiligen Wunsch oder ihre Sorge auf. Wenn sie irgendwann auf ihrem Weg das Gefühl hat, das Problem oder eine Fragestellung nun für sich gelöst zu haben oder ihrem guten Vorsatz ein entscheidendes Stück näher gekommen zu sein, sucht sie den entsprechend beschrifteten Stein dazu heraus. Diesen Stein wirft sie dann weit von sich oder legt ihn an einem besonderen Ort ab und lässt mit diesem Ritual das Anliegen bewusst hinter sich.

Mein Tipp: Auf den Jakobswegen in Deutschland und Europa hast du oft die Gelegenheit zum Besuch von Kirchen, Klöstern und kleinen Kapellen. Warum dort nicht eine Kerze anzünden und dein Anliegen mit einem kurzen Gebet verbinden? Es kann mitunter sehr tröstlich sein, eine Sorge einfach zu teilen und in andere Hände zu legen.

Übung 12: Pilgern ist Denken in Bewegung.

Wie Pilgern deine Denkblockaden löst.

Es ist sicherlich keine neue Erkenntnis, dass beim Spazierengehen, beim Wandern oder beim Pilgern auch unsere Gedanken oftmals viel besser in Bewegung kommen. Das Grübeln im Sitzen und »Starren auf eine Wand« hat oftmals eine blockierende Wirkung: Man denkt im Kreis und kommt aus der Sorgenspirale nicht heraus. Oder man wird einfach nur müde ...

Aber nicht nur aktuelle Sorgen und Probleme kannst du in Bewegung besser »bearbeiten«, sondern auch deine Gedanken lassen sich hervorragend sortieren. Denkprozesse beim Bewegen bringen oftmals neue Sichtweisen mit sich und die wechselnde Perspektive wirkt anregend.

Mein Tipp: Wenn du beim Pilgern deine Gedanken einfach einmal fließen lassen möchtest, aber keinen konkreten Ansatz verfolgst, empfehle ich dir die Verwendung von sogenannten Schlüsselbegriffen:

Dein Pilgerweg beginnt: Schlüsselworte »Losgehen/Weggehen/Hinter dir lassen/Zurücklassen«. Konzentriere dich beim Pilgern auf diese Worte. Was bedeuten sie dir und wie empfindest du dein Unterwegssein unter diesen Aspekten? Gibt es bei dir eine Aufbruchstimmung, möchtest du etwas hinter dir lassen, trägst du eine Last mit dir oder fühlst du dich einfach nur frei? Schreibe deine Gedanken dazu bei einer Rast in dein Pilgernotizbuch, wenn du das möchtest.

Unterwegs sein: Schlüsselworte »Erleben/Neues sehen/Entdecken«. Was lösen diese Worte bei dir aus? Bist du neugierig auf das nächste Wegstück, hast du schon Neues oder Ungewohntes entdeckt? Was macht der Weg mit dir, fühlst du dich anders als zu Beginn deiner Pilgerreise?

Der Weg geht zu Ende: Schlüsselworte »Ankommen/Zurückkommen«. Deine Pilgerreise nähert sich dem Ende. Was fühlst du, gibt es schon ein erstes Fazit? Hast du neue Erkenntnisse gewonnen? Welche schönen Momente und Begegnungen werden dir wohl in Erinnerung bleiben? Wärst du gerne noch länger unterwegs gewesen?

»Ich traf ...«:
Begegnungen auf den Pilgerwegen – Teil 3

Larissa, Ana und Gabriella aus Brasilien

Als ich mich bei sehr hohen Temperaturen das letzte Stück meiner Etappe nach Hornillos del Camino dahinschleppe und eigentlich nur noch hoffe, endlich anzukommen, höre ich hinter mir längere Zeit fröhliche Stimmen, die immer näher kommen. Ich drehe mich aber nicht um, sondern laufe im Rhythmus meiner Schritte, als ich plötzlich von 3 jungen Frauen überholt werde. Das ist eigentlich nichts Ungewöhnliches, aber ich hätte trotzdem gerne eine Momentaufnahme meines verdutzten Gesichtsausdrucks als Erinnerungsfoto: Die drei sich lebhaft unterhaltenden Frauen laufen rückwärts an mir vorbei! Beim Überholen lächeln sie mich freundlich an, wünschen mir einen »Buen Camino« und empfehlen mir auf Eng-

lisch, unbedingt auch mal das Rückwärtsgehen zu probieren. Es würde die Beine entlasten und zudem wäre der Weg dann doch viel abwechslungsreicher. Ausprobiert habe ich es nicht, aber zumindest konnte ich mich noch ein längeres Wegstück daran erfreuen, dass mich die 3 Pilgerinnen, obwohl sie vor mir hergingen, dabei freundlich anlächelten und immer wieder winkten.

Als ich ca. 2 Stunden später ziemlich erschöpft in der Pilgerherberge ankomme, werde ich bereits von brasilianischer Sambamusik aus einer kleinen Box empfangen und die drei vertreiben sich die Zeit bis zum Abendessen damit, noch ein wenig im Innenhof der Herberge zu tanzen. Ich bin total beeindruckt davon, wie man nach der anstrengenden, bergigen Etappe noch so viel Energie haben kann.

Beim Abendessen erzählen mir die jungen Frauen dann, warum sie auf dem Jakobsweg unterwegs sind: Larissa, Ana und Gabriella sind Brasilianerinnen, studieren an einer Elite-Uni in Sao-Paulo und werden einmal im Jahr in den Semesterferien von ihren Eltern auf eine längere Europareise geschickt. So waren sie im Jahr davor auf Shoppingtour in London, Paris, Mailand, Rom und Berlin und haben sich für dieses Jahr entschieden, doch »einfach mal« den Jakobsweg zu laufen. Obwohl erkennbar ist, dass die 3 Frauen aus sehr wohlhabenden Elternhäusern kommen und ihnen offenbar kaum ein Wunsch verwehrt wird, sind alle Pilger begeistert davon, wie fröhlich, lebensfroh, gläubig, hilfsbereit und anspruchslos sie jetzt hier auf dieser Reise unterwegs sind. Anders als man im ersten Moment vermuten könnte, sind sie nicht einfach verwöhnte und etwas überkandidelte Mädchen, sondern beindruckende junge Frauen, die ganz sicherlich ihren Weg machen werden.

Scott aus Kalifornien (Mitte zwanzig)
Es war keine wirklich tiefer gehende Begegnung, aber ich möchte trotzdem darüber erzählen, weil man auf den Jakobswegen immer wieder Menschen trifft, die man dort nicht vermuten würde. In einer Herberge lerne ich Scott kennen, der aussieht, als wäre er ein Rettungsschwimmer aus der Serie Baywatch. Er erfüllt optisch alle Klischees über kalifornische Boys, die den ganzen Tag nur surfen und Party am Strand machen. Und trotzdem ist er jetzt hier auf dem Jakobsweg, als ganz normaler Pilger. Er erzählt mir, dass er mit Unterstützung seiner Eltern die letzten Jahre tatsächlich als Surflehrer und Dauerstudent in Kalifornien und auf Hawaii gelebt hat, dann aber immer mehr gefühlt hat, dass ihm irgendetwas in seinem Leben fehlt. Und so ist er nun hier unterwegs und hofft, auf dem Camino die Antwort zu finden, wie es in seinem Leben weitergehen soll.

Milan und Jara, beide aus Prag/Tschechien
Wie das Leben und die Liebe so spielen: Kurz vor Santiago treffe ich in einem Straßencafé Milan und Jara, die mir ihre Pilgergeschichte erzählen: Milan, der gerade seine Ausbildung zum Schreiner beendet hat, ist vor vielen Wochen zu Fuß in Prag gestartet. Wie er mir sagt, wollte er einfach wissen, was das Leben nun noch bereithält, wohin sein Zukunftsweg ihn führen soll. Jara, die ebenfalls aus Prag stammt, ist zu einem späteren Zeitpunkt als er in Le Puy, Frankreich gestartet. Getroffen haben sich die zwei dann erstmals durch Zufall in einer Pilgerherberge kurz vor den Pyrenäen. Das Ungewöhnliche an ihrer Begegnung ist, dass beide nicht nur aus Prag kommen, sondern tatsächlich seit Jahren in der gleichen Straße wohnen, sich aber zuvor nie begegnet sind. Und wie die Liebe so

spielt, haben sie sich unterwegs ineinander verliebt und sind jetzt als Paar auf dem Camino unterwegs.

Interessant ist für mich, dass beide anfangs keinerlei Glaubensbezug hatten (die Bevölkerung in Tschechien ist wohl zu 75 % religionslos). Trotzdem waren beide fasziniert von der Glaubenstiefe und der christlichen Tradition, die sie auf den Jakobswegen erlebt haben. Sie erzählen mir, dass sie mittlerweile regelmäßig die Andachten für Pilger besuchen und ernsthaft überlegen, sich nach ihrer Rückkehr taufen zu lassen.

Auf dem Jakobsweg Achtsamkeit erleben und entdecken – Teil 1

Bereits auf meinem ersten Camino 2003 habe ich unbewusst vieles über Achtsamkeit gelernt und angewendet, ohne die Bedeutung des Begriffes als solchen tatsächlich zu kennen. Heute schätze ich am Pilgern vor allem die Möglichkeit, beim Unterwegssein wieder achtsam zu leben und einen gesunden und wertschätzenden Umgang mit der Schöpfung, mit mir und anderen zu pflegen.

Was ist Achtsamkeit eigentlich?

Es gibt viele umfangreiche Definitionen. Ich verstehe unter Achtsamkeit vor allem, das, was im Augenblick geschieht, bewusst(er) wahrzunehmen. Die aktuelle Zeit mit Corona, Krieg, Energiekrise sowie wirtschaftlichen und sozialen Problemen ist stressig und für viele Menschen auch beängstigend. Man verliert im Alltag häufig den gerade gelebten Augenblick aus den Augen und beschäftigt sich stattdessen überwiegend mit der Zukunft oder der Vergangenheit. Du bist nicht mehr präsent und mitgestaltend, sondern das Leben rast förmlich an dir vorbei. Du lebst dein Leben nicht wirklich, sondern stehst eher daneben. In unserer mit ständigen visuellen Reizen völlig überfluteten Welt ist es lebenswichtig, sich jeden Tag ein paar Minuten Zeit zu nehmen, um wieder ein positives Gleichgewicht zwischen Körper und Geist herzustellen.

Gelebte Achtsamkeit auf dem Jakobsweg und später auch im Alltag ändert deine Beziehung zu dir selbst, zu anderen, zu deiner Spiritualität, deiner Kreativität und deinem Job.

Regelmäßige Achtsamkeitsübungen entwickeln irgendwann

eine Eigendynamik und werden zu guten Gewohnheiten, durch die du besser schläfst, kreativer wirst und dich weniger gestresst fühlst. Achtsamkeitsübungen sind mittlerweile medizinisch anerkannt und gehören in vielen Kliniken und Rehabilitationseinrichtungen zum Behandlungsplan.

Ich möchte dich einladen, deinen bevorstehenden Pilgerweg auch zu nutzen, um Achtsamkeit für dich zu entdecken und damit wieder mehr Ruhe und Gelassenheit in dein Leben zu bringen. Die nachstehenden Übungen können dir dabei helfen, wobei nicht jede für dich perfekt sein wird. Probiere einfach aus, welche Übungen dir guttun, und praktiziere diese regelmäßig.

Achtsamkeitsübung 1:

Die Fünf-Finger-Methode

Die sogenannte **Fünf-Finger-Methode** in ihren verschiedenen Variationen ist nicht nur eine der bekanntesten Achtsamkeitsübungen, sondern auch eines meiner Lieblingsrituale. Sie ist einfach und du wirst schon nach wenigen Tagen wissen, welcher Finger für welche Frage steht.

Such dir gleich morgens ein ruhiges Plätzchen oder bleib noch einen Moment liegen und schau dir in Ruhe deine Hand an. Jeder Finger steht für eine andere Frage. Ziel der Übung ist es, dich mental zu stärken.

Der Daumen steht für das Positive, für die schönen Momente in deinem Leben. Heb den Daumen hoch und frag dich: Welche meiner Eigenschaften oder Fähigkeiten machen mich gerade stolz oder geben mir ein gutes Gefühl? Auf welche Situationen, Erlebnisse, Menschen oder Aufgaben freue ich mich heute besonders?

Falls du die Übung am Abend machst: Wofür bin ich dankbar, was war heute besonders schön? Lenk deinen Fokus bewusst auf das Gute des Tages und sprich vielleicht ein kurzes Dankgebet, wenn dir danach ist.

Der Zeigefinger zeigt bzw. deutet auf etwas und steht für deine Ziele und Wünsche. Nimm den Finger bewusst wahr und frage dich: Was möchte ich heute? Für welche meiner Wünsche und Ziele will ich aktiv werden? Was bringt mich meinen Herzenszielen näher?

Als Abendübung frag dich: Was habe ich heute getan, um mein Leben und meine Ziele aktiv mitzugestalten? Welche Möglichkeiten habe ich für mich genutzt?

Der Mittelfinger steht für deine Motivation und deine positive Energie. Schau deinen Finger an und frage dich:

Wieviel Energie habe ich heute, wieviel Kraft kann ich für meine Aufgaben aufbringen, wo sind meine Grenzen? Wem möchte ich heute etwas Gutes tun, was kann ich Gutes tun?

Am Abend kannst du noch einmal bewusst überlegen: Wie motiviert und energiegeladen war ich heute? Gab es »Energieräuber«, wo ist meine Kraft einfach verpufft? Welcher Mensch oder welche Situation haben mir zusätzliche Kraft gegeben oder mich motiviert?

Der Ringfinger symbolisiert den Kreislauf des Tages und dreht sich um die Frage: Wann kann ich einfach mal ich sein, ohne etwas bewusst tun zu müssen? Wann nehme ich mir heute bewusst Zeit nur für mich, eine Zeit, in der ich nicht ansprechbar oder erreichbar sein muss? Eine Zeit ohne Handy, ohne Aufgaben, ohne äußere Einflüsse – Zeit für einen Moment in der Natur oder einige Minuten in einem Raum der Stille. Manche Seminarhäuser wie das Haus Schönblick in Schwäbisch Gmünd haben kleine Räume oder Kapellen als sogenannten »Raum der Stille« eingerichtet und es ist unendlich wohltuend, sich bei anstrengenden Tagungen einfach mal für einige Minuten herauszunehmen und dort zur Ruhe zu kommen. Ich wünsche jeder größeren Firma ebenfalls einen solchen Raum für ihre Mitarbeiter, der viel zur Resilienz beitragen könnte.

Abends solltest du ehrlich reflektieren, ob und wann es Momente gab, die tatsächlich nur für dich zur Verfügung standen.

Der kleine Finger steht für deinen Körper. Wenn du dich intensiver mit Achtsamkeitsübungen beschäftigt hast, wirst du deinen Körper Stück für Stück besser wahrnehmen.

Frage dich bewusst: Wie geht es meinem Körper gerade? Was braucht mein Körper jetzt, was würde ihm guttun?

Am Abend stell dir die Frage: Wie ist es meinem Körper im Laufe des Tages ergangen? Was habe ich meinem Körper heute Gutes getan und welche positiven oder negativen Signale hat er mir gesendet?

Unterwegs sein – kurz vor Leon

Achtsamkeitsübung 2:

Dein persönlicher Satz für eine positive Grundeinstellung
Such dir einen positiven Satz, einen Vers oder einen Bibeltext, den du immer wieder aufsagst, um ihn zu verinnerlichen. Mach diese Übung möglichst jeden Tag, gerne auch vor dem Spiegel stehend. Deine Gefühle werden durch deine Gedanken gesteuert und gute Gedanken sorgen auch für positive Gefühle. Es muss nicht täglich derselbe Satz sein, sondern du kannst ihn jeweils an deine derzeitigen Gefühle und Bedürfnisse anpassen.

Beispiele:
- ➜ Ich liebe und werde geliebt.
- ➜ Ich bin einzigartig.
- ➜ Fürchte dich nicht.
- ➜ Ich habe keine Angst, alles wird gut.
- ➜ Der Herr ist meine Kraft und mein Schild, mein Herz vertraut ihm.
- ➜ Das Leben ist schön.
- ➜ Ich bin behütet.

Achtsamkeitsübung 3:

Das Kind in dir wiederentdecken
Leider haben viele von uns verlernt, Kind zu sein, und das natürliche Kind in uns verdrängt. Weißt du noch, wie wir als Kinder ständig Neues entdeckt haben? Fang einfach wieder an, die kleinen Dinge zu beobachten. Nimm beim Pilgern ein Blatt, einen hübschen Stein oder eine Frucht in die Hand. Was

nimmst du wahr, welche Struktur hat etwas Besonderes? Wie fühlt es sich an? Leg dich im Wald oder auf einer Wiese auf den Bauch und schau dir den Boden ganz aus der Nähe an. Siehst du, wie viele kleine Wunder dort zu entdecken sind?

Achtsamkeitsübung 4:

Deine fünf Sinne aktivieren

Zur Achtsamkeit gehört auch die Schulung deiner Sinne. Und das Schöne ist, dass du dazu weder ein Buch noch eine Schule brauchst, sondern lediglich deine Sinne bewusst aktivieren musst.

Insbesondere beim Pilgern empfehle ich dir, einen oder alle Sinne auch tagsüber mal bewusster einzusetzen. Berühre im Vorbeigehen einen Baum oder nimm einen Stein in die Hand und fühle ihn. Wenn es irgendwo besonders still ist, bleib stehen, schließe die Augen und höre die Stille.

Fühlen: Was fühlst du? Nimmst du den Wind oder die Wärme der Sonne auf deiner Haut wahr? Wie empfindest du die Kleidung an deinem Körper, wie fühlt sich das Gewicht deines Pilgerrucksackes an? Ist der Pilgerstab oder Trekkingstock in deiner Hand leicht oder schwer, gibt er dir ein spürbares Gefühl von Halt und Sicherheit?

Hören: Was hörst du? Ist etwas gerade besonders laut oder eher leise? Welches Geräusch ist neu für dich, welche Geräusche erzählen dir eine eigene Geschichte? Welche Geräusche geben dir ein Gefühl der Sicherheit?

Riechen: Welchen besonderen Geruch nimmst du gerade wahr? Wie empfindest du den Geruch, setzt er Erinnerungen frei oder ist er neu für dich? Was verbindest du mit dem Geruch?

Sehen: Was siehst du gerade? Schau dich auf deinem Pilgerweg, in der historischen Kapelle oder der Herberge um und versuche, jede Kleinigkeit wahrzunehmen. Fokussiere deinen Blick zuerst auf das große Gesamtbild und präge dir dann in aller Ruhe die Details ein.

Auf meinen Pilgerwegen habe ich bei dieser Übung einmal voller Überraschung wahrgenommen, wie viele Steine rechts und links auf den Feldern lagen. Vorher hatte ich nur die Felder und die Weite der Landschaft gesehen und nun plötzlich erkannt, wie unendlich viele Steine überall herumliegen – und jeder davon ist einzigartig.

Schmecken: Was schmeckst du gerade? Wie schmeckt der erste Biss in den Apfel bei einer Pause? Wie schmeckt das Wasser aus dem Brunnen am Camino, wenn du durstig bist, oder das Stück frisches Baguette aus der kleinen Dorfbäckerei, an der du gerade vorbeigekommen bist? Wie schmeckt der heiße Cappuccino nach einem langen Pilgertag in der Bar, in der du vor Wind und Regen Zuflucht gesucht hast?

Achtsamkeitsübung 5:

Wartezeit ist geschenkte Zeit

Du wartest in der Pilgerherberge auf den Einlass? Vor der Kasse im kleinen Dorfladen oder im Supermarkt stehst du in einer langen Warteschlange und eine Kundin vor dir unterhält sich in aller Ruhe mit der Verkäuferin? Du wartest beim Arzt darauf, endlich aufgerufen zu werden? Das ist gut so, es gibt dir Zeit für eine effektive Achtsamkeitsübung! Nutze diese Wartezeiten für dich, konzentrier dich auf deine Atmung, entspann dich innerlich oder schau dich bewusst um. Die ältere Dame vor dir kramt umständlich nach Kleingeld? Denk dir eine wertschätzende Geschichte dazu aus, vielleicht ist ja ihre Rente knapp und sie muss am Monatsende immer auf das Kleingeld zurückgreifen oder vielleicht ist das ihre Art von Gelassenheit?

Unterwegs sein – die Morgenstunden genießen

Achtsamkeitsübung 6:

Achtsamkeit beginnt am Morgen

Setz dich morgens nicht gleich unter Druck, bleibe noch einen Moment liegen oder stell dich ans offene Fenster bzw. auf die Terrasse und atme tief durch. Starte gedanklich den neuen Tag: Worauf freust du dich besonders? Welche Herausforderungen bringt der Tag mit sich? Was wirst du dir oder anderen heute Gutes tun? Anstatt morgens schon zum Smartphone zu greifen, um Mails und Termine zu checken oder Facebook-Posts zu lesen, starte deinen Tag lieber bewusst und achtsam.

Achtsamkeitsübung 7:

Gib deinem Essen die Aufmerksamkeit, die es verdient

Vielleicht ist dir das auch schon passiert – du lässt dich beim Essen vom Fernsehen, von deinem Handy oder in der Mittagspause von Kollegen ablenken. Die Folge davon ist ein zu schnelles Essen, du kaust die Speisen nicht mehr richtig und entwickelst ein falsches Sättigungsgefühl. Nutze die Pilgerzeit doch auch dazu, dein Essen wieder zu schätzen. Welche Gewürze schmeckst du heraus? Achte auf den Geschmack und den Geruch, auf die Konsistenz. Wie fühlt sich das Essen in deinem Mund an? Was empfindest du dabei?

Achtsamkeitsübung 8:

Kochen ist die schönste Achtsamkeitsübung

Ideal zu Übung 7 passt auch diese Anleitung, die zugegebenerweise mein absoluter Favorit ist und die ich zur Freude meiner Familie regelmäßig zelebriere: Achtsames Kochen gehört für mich einfach zum achtsamen Essen dazu. Damit verbunden ist auch eine gesunde und abwechslungsreiche Ernährung. Zuerst kommt das entspannte Einkaufen und die damit verbundene Wahrnehmung der großen Vielfalt an Lebensmitteln, die uns in Europa angeboten wird. Dann folgt die Vorbereitung und Verwendung der frischen Zutaten, der Geruch von Kräutern und Olivenöl sowie das Zischen des Bratguts in der Pfanne. All das ist für mich Achtsamkeit pur. Es muss kein aufwendiges Menü sein, auf dem Camino macht es mir genauso viel Freude, für eine kleine Gruppe Pilger Spaghetti zu kochen und aus Tomaten, Tomatenmark und etwas Thunfisch eine einfache Soße

Eine einfache Pilgermahlzeit und trotzdem ein Festmahl

zuzubereiten. Auch eine Scheibe Baguette, liebevoll mit Käse belegt und dazu ein Apfel in Scheiben geschnitten genügen völlig für eine achtsame Mahlzeit.

Achtsamkeitsübung 9:

Atmen wieder neu kennenlernen

Klar, jeder kann atmen und tut es auch ständig. Aber setze dich doch auf deinem Pilgerweg unterwegs einfach mal an einen ruhigen Platz, schließe die Augen und achte bewusst auf deinen Atem. Anfangs wirst du feststellen, dass dein Atem nicht gleichmäßig ist. Im Alltag neigen wir dazu, sehr flach und oft ungleichmäßig zu atmen. Versuche jetzt, ruhig und langsam zu atmen, bis sich dein Ein- und Ausatmen aneinander angleichen. Dieses bewusste gleichmäßige Atmen ist ein wertvoller Bestandteil des Achtsamkeitstrainings und hilft dir mit etwas Übung, auch in hektischen Momenten wieder ruhig zu werden.

Achtsamkeitsübung 10:

Minimalismus

Wenn du auf dem Jakobsweg nicht gerade mit einem Packesel unterwegs bist, sondern alles, was du benötigst, selbst auf dem Rücken trägst, ist das schon eine gute Einleitung zu dieser Achtsamkeitsübung. Wir leben in einer Konsumgesellschaft und können uns vieles leisten, aber leider mit der Konsequenz, dass wir zu viel besitzen und diesen Überfluss nicht mehr zu schätzen wissen. Vor dem Jakobsweg stehst du vor der Entscheidung auszuwählen, was du unterwegs brauchst und was dir so wichtig ist, dass es dich unbedingt auf dem Camino begleiten soll.

Warum überträgst du diesen Gedanken nach dem Jakobsweg nicht einfach auch auf deine Wohnung? Die Wohnung zu entrümpeln, vereinfacht automatisch dein Leben und macht den Kopf wieder frei. Umgib dich nur mit Dingen, die wirklich einen Wert für dich haben. Etwas, das du seit über einem Jahr nicht mehr benutzt oder angeschaut hast, wirst du vermutlich auch im nächsten Jahr nicht brauchen. Ein guter Freund von mir hat die Regel aufgestellt, sich für jedes neue Kleidungsstück, Buch oder jeden neuen Einrichtungsgegenstand von einem älteren, ähnlichen Gegenstand zu trennen. Was du nicht mehr benötigst, kannst du einfach verschenken und anderen damit eine Freude machen.

Achtsamkeitsübung 11:

Durch hohes Wasser laufen

Wenn man in einem Schwimmbad versucht, schnell durch das Wasser zu gehen, ist das wie Laufen in Zeitlupe. Dazu gibt es eine einfache Achtsamkeitsübung: Übe eine alltägliche Tätigkeit bewusst langsam und wie in Zeitlupe aus. So entschleunigst du alltägliche Dinge, die du sonst vielleicht als eher stressig empfindest. So kannst du beispielsweise langsam und ruhig deine Zähne putzen oder die Kartoffeln für das Abendessen gleichmäßig und in aller Ruhe schälen. Achte dabei auf deine Wahrnehmungen.

»Es kommt niemals ein Pilger nach Hause, ohne ein Vorurteil weniger und eine neue Idee mehr zu haben.«

Thomas Morus (1478–1535), englischer Staatsmann und Humanist

Kleiner Reiseführer der Jakobswege

Der spanische Jakobsweg »El Camino« und seine beliebtesten Varianten

Dein Entschluss ist gefasst: »Ich will den Jakobsweg gehen!« Aber – jetzt stehst du vor der Frage, welcher der Jakobswege, die alle nach Santiago führen, der richtige für dich ist. Die sogenannten »Caminos« sind alle sehr gut markiert und du wirst dich auch ohne Routenführer auf allen Varianten problemlos zurechtfinden. Je nach Region unterscheidet sich das wegweisende Zeichen leicht voneinander, mal ist es die Muschel, mal besondere Steinquader bis hin zu dem Symbol von Wanderstab und Kürbisflasche. Aber eines ist immer sofort wiedererkennbar: der gelbe Pfeil oder die Muschel, die regelmäßig auf der Straße, dem Weg, auf Straßenschildern, an Hauswänden und an Bäumen angebracht sind. Nach kurzer Zeit wird dein Auge wie von selbst diese Zeichen wahrnehmen.

Nachstehend habe ich einige Informationen zusammengestellt, die dir vielleicht die Entscheidung für deinen »richtigen« Jakobsweg erleichtern.

»Am Ziele deiner Wünsche wirst du jedenfalls eines vermissen: dein Wandern zum Ziel.«

Marie von Ebner-Eschenbach (1830–1916), österreichische Schriftstellerin

Unterwegs sein – Burgos mit der wunderschönen Kathedrale

Der klassische Jakobsweg Camino Francés

Bei einer Länge von ca. 800 Kilometern benötigst du ca. 5 Wochen für den wohl populärsten Pilgerweg nach Santiago. Du startest auf der französischen Seite der Pyrenäen in Saint-Jean-Pied-de-Port. Der Schwierigkeitsgrad ist leicht bis mittel und gut für Einsteiger geeignet, da aufgrund der vielen Orte auch kürzere Etappen möglich sind.

Was zeichnet den Weg aus?

Bedingt durch die gute Frequentierung findest du problemlos Anschluss an andere Pilger aus aller Welt und es entsteht schnell das Gefühl, einer Pilgerfamilie anzugehören.

Besondere Highlights sind die Pyrenäen, die auch unabhängig vom Jakobsweg wunderschöne Wanderwege bieten.

Du entdeckst historische Städte wie Pamplona, Burgos, León und besondere Orte wie das kleine galicische Dorf O Cebreiro in einer Höhe von 1.300 Metern mit der ältesten Kirche des Jakobsweges. An dem bekannten Kreuz »Cruz de Ferro« am Monte Irago erreichst du den höchsten Punkt des Camino Francés und kannst dort der Tradition folgend einen Stein aus deiner Heimat ablegen.

Weinliebhaber kommen in den Weinanbaugebieten La Rioja zwischen Pamplona und Burgos auf ihre Kosten und eine besondere Herausforderung ist der Weg durch die fast baumlose Hochebene Meseta. Für die 18 Kilometer lange Strecke auf ca. 800 m Höhe solltest du vor allem im Sommer mit ausreichend Wasser und Sonnenschutz vorbereitet sein.

Mein Tipp: Ca. 60 bis 65 % aller Jakobspilger gehen diesen Weg, viele davon in der Hauptsaison zwischen Ende Mai und August. Deshalb ist das Frühjahr oder der Herbst die bessere Reisezeit, um der Hitze im Sommer zu entkommen und mehr Stille für dich zu finden. Im Frühjahr musst du bis Ende April in höheren Lagen teilweise noch mit Schnee rechnen.

Der Küstenweg – Camino del Norte

Genau wie der Camino Francés verläuft die Strecke vom Nordosten Spaniens in Richtung Westen bis nach Santiago de Compostela, führt aber nicht direkt durch Nordspanien, sondern unmittelbar am Meer an der Nordküste Spaniens entlang.

Für die ca. 860 Kilometer solltest du etwa 35 bis 40 Tage einplanen, deine Reise beginnt in Irún, einer Stadt im spanischen Baskenland nahe der französischen Grenze.

Wenn du die Natur und das Meer liebst und keine Angst vor den manchmal anstrengenden Etappen über die Steilküsten und das bergige Küstenland hast, wirst du zusätzlich mit Stille und wunderschönen Ausblicken belohnt.

Die beste Reisezeit für den Camino del Norte ist von Frühling bis in den Herbst hinein, wobei auch während der Hauptsaison in den Sommermonaten immer mit Regen und Wind gerechnet werden sollte.

Highlights des Weges sind vor allem die Natur in Form faszinierender Steilküsten, einsamer Sandstrände und schöner Wege quer durch Wälder, Wiesen und kleine Dörfer sowie hübsche Küstenstädtchen wie Luarca. Auch Stadtbesichtigungen kommen nicht zu kurz: Der Weg führt dich durch bekannte Großstädte wie San Sebastian, Bilbao, Santander und Gijon.

Unterwegs sein – Küste bei Santander

Der Camino Primitivo

Der Camino Primitivo ist mit einer Länge von ca. 300 Kilometern ein eher kurzer Jakobsweg und geht von Oviedo bis nach Santiago. Häufig gehen Pilger auf dem Küstenweg (Camino del Norte) bis nach Gijon und wechseln dann über auf den Camino Primitivo. Die Länge von »nur« 300 Kilometern täuscht: Dieser Weg ist sehr anspruchsvoll und aufgrund der vielen täglichen Höhenmeter nur für erfahrene und konditionell trainierte Bergwanderer geeignet. Zeitlich solltest du dafür eher drei Wochen einplanen, das für andere Wege übliche Pensum von ca. 30 Kilometern pro Tag ist hier nicht realistisch.

Falls du dich für diesen Weg entscheidest, erwartet dich ein beeindruckendes Bergpanorama mit viel Einsamkeit und Ruhe.

Die beste Jahreszeit sind die Monate April bis September, aufgrund von Schneefall sind viele Wege teilweise bis Ende März unpassierbar.

Der Caminho Português

Vieles spricht dafür, sich für den Caminho Português zu entscheiden, und er ist zu Recht der zweitbeliebteste Pilgerweg nach Santiago. Die verhältnismäßig kurze Strecke von ca. 240 Kilometern Länge ist in gut 2 Wochen zu bewältigen und deshalb auch für kürzere Urlaubszeiten geeignet.

Dein Weg beginnt in der wunderschönen Hafenstadt Porto im Nordwesten Portugals, die bekannt ist für ihre prächtigen Brücken und den hier hergestellten Portwein. Im hübschen mittelalterlichen Viertel Ribeira mit seinen kleinen kopfsteingepflasterten Straßen und den vielen Cafés und Geschäften wird schon der Beginn des Pilgerweges zu einem Erlebnis. Reizvoll ist der Caminho Português auch durch die Verbindung zweier Länder und Kulturen in einem Weg und die schönen Etappen entlang der Westküste Portugals.

Der Schwierigkeitsgrad ist niedrig und auch für ältere Pilger bestens geeignet, da die Wegstrecke nur wenige Höhenmeter aufweist. Zudem wurde für die Pilger eine gute Infrastruktur geschaffen.

Als Jahreszeit empfehle ich die Monate von März bis Oktober, besonders schön ist die Zeit April bis Juni und September.

Unterwegs sein – Porto, Küstenstadt in Portugal

Die Vía de la Plata – der mozarabische Jakobsweg

Nur wenige Pilger entscheiden sich für diese Variante, was sich auch in der niedrigen Anzahl von Pilgerherbergen widerspiegelt. Mit einer Strecke von über 1.000 Kilometern führt dich die Vía de la Plata beginnend in Sevilla im Süden Spaniens in ca. 6 bis 7 Wochen nach Santiago de Compostela im Nordwesten des Landes.

Geeignet ist diese Variante vor allem für erfahrene Pilger, da häufig Tagesetappen von bis zu 35 Kilometern Länge zu bewältigen sind. Auch wenn der Weg nur über wenige Berge und überwiegend durch Ebenen und Täler führt, ist der Sommer als Reisezeit mit Temperaturen von teilweise über 40 Grad nicht zu empfehlen. Besonders schön ist das Frühjahr aufgrund der

Blütezeit vieler Pflanzen, aber auch im Winter wäre ein Start im Süden aufgrund des milden Klimas möglich.

Belohnt wirst du als Pilger vor allem durch die Weite der Landschaft, viel Natur und die Ruhe: Hier ist Pilgern noch in seiner ursprünglichen Form möglich.

Highlights deiner Pilgerroute sind interessante historische Städte wie Sevilla, Salamanca, Merida und Astorga.

Der Camino Finisterre – die kleine Fortsetzung des Jakobswegs

Nein, natürlich ist der Camino Finisterre kein eigenständiger Jakobsweg, sondern lediglich eine gerne genutzte Verlängerung des ursprünglichen Jakobswegs.

Der Weg führt nicht nach Santiago de Compostela, sondern du startest dort im Anschluss an deinen Jakobsweg noch mal zu einer kleinen Pilgerreise. Eine Strecke von fast 100 Kilometern bringt dich in 3 bis 4 Tagen nach Finisterre, dem sogenannten Ende der Welt.

Wie auch ich haben viele Menschen am Ende ihrer Pilgerreise das Bedürfnis, nach dem eher hektischen Leben in Santiago nochmals für einige Tage vor ihrer Heimreise innere Stille zu erleben. Dazu kommt als besonderes Geschenk der wunderschöne Blick über den Atlantik am Leuchtturm in Kap Finisterre. Empfehlenswert ist eine Verlängerung des Aufenthaltes um 1-2 Nächte in Fisterra, hier erwarten dich der lange Sandstrand Playa de Langosteira und beeindruckende Sonnenuntergänge.

Unterwegs sein – Sonnenuntergang am Kap Finisterre

»Der Weg ist immer besser als die schönste Herberge.«

Miguel de Cervantes (1547–1616), spanischer Schriftsteller

Weitere bekannte Jakobswege in Europa und Deutschland

Via Podiensis – der Jakobsweg in Frankreich

Neben französischen Wanderern nutzen auch viele deutsche Pilger, die von zu Hause aus starten, auf ihrer Reise nach Santiago gerne die Via Podiensis, den bekanntesten der vier historischen Jakobswege in Frankreich. Du beginnst deine Pilgerreise am besten in der Kathedrale Notre-Dame von Le Puy-en-Velay in der Auvergne, von wo aus dich der Weg über ca. 700 Kilometer in 35 bis 40 Tagen bis nach Saint-Jean-Pied-de-Port in den Pyrenäen führt. Dort geht der Weg dann in den Camino Francés über.

Da der Wegverlauf mit dem französischen Fernwanderweg GR65 (grande randonnée) deckungsgleich ist, triffst du oft auf eine doppelte Markierung und folgst entweder den rot-weißen Balken oder der gelben Jakobsmuschel auf blauem Grund. Durch die vielen Wanderer findest du als Pilger auch eine große Vielzahl an Herbergen und eine gute Infrastruktur vor.

Besondere Highlights sind u. a. die Abtei von Aubrac, die Klosterkirche Sainte-Foy in Conques, die Benediktiner-Abtei von Figeac sowie das Gascogne-Tiefland mit den Städten Lectoure, Condom und Eauz. Die Kombination von französischer Küche und Tradition sowie die schönen Landschaften und mittelalterlichen Orte machen diesen Jakobsweg zu einem besonderen Erlebnis.

Kloster Einsiedeln, Schweiz

Der Jakobsweg in der Schweiz, der sogenannte Schwabenweg

Seit dem zwölften Jahrhundert verbindet der Schwabenweg die deutschsprachigen Länder mit der französischen Route in Richtung Santiago. Der Name entstand im Mittelalter, als überwiegend Schwaben in Konstanz ankamen, um von dort aus nach Einsiedeln in der Schweiz zu pilgern.

Der Schwabenweg verläuft über ca. 90 Kilometer in 4 Etappen und geht dann über in die bekannte Via Jacobi bis nach Genf. Von dort aus gelangen die Jakobspilger über die Via Gebennensis weiter nach Frankreich und in Richtung Spanien.

Besonders reizvoll ist die Pilgerreise durch die Schweiz aufgrund der Landschaft und wechselnden Panoramen. Allerdings musst du dich als Pilger auf deutlich höhere Übernachtungs- und Verpflegungskosten einstellen als in Spanien, Portugal oder Frankreich.

Der österreichische Jakobsweg

Mit einer Länge von ca. 750 bis 800 Kilometern führt der österreichische Jakobsweg von Wolfsthal (bei Hainburg) über Schwechat, Purkersdorf, Maria Langegg, Ybbs, Linz, Lambach, Salzburg, St. Johann in Tirol, Strass im Zillertal, Innsbruck, Zams und St. Christoph nach Feldkirch. Von Feldkirch aus gibt es einen Anschlussweg mit einer Länge von ca. 100 Kilometern nach Maria Einsiedeln in der Schweiz, wo er sich dann an die zentraleuropäische Pilgerroute, die sogenannte Oberstraße, anschließt.

Darüber hinaus bietet Österreich ein breites Netz von Jakobs- und sonstigen Pilgerwegen: neben dem österreichischen Jakobsweg sind die beiden Tiroler Jakobswege und der Vorarlbergweg für Jakobspilger besonders interessant.

Jakobswege in Deutschland

Vielen geht es so wie mir: Erst als ich vom spanischen Jakobsweg zurückkam, fiel mir auf, wie oft auch in Deutschland Wege mit dem Symbol der Muschel gekennzeichnet sind. Deutschland verfügt über ein großes Netz an Jakobswegen, die dir ermöglichen, bereits von zu Hause aus den Pilgerweg nach Santiago zu starten. Die notwendige Zeit vorausgesetzt, könntest du über die verschiedenen fast 30

Jakobswege von Norddeutschland bis Süddeutschland und weiter über die Schweiz und Frankreich bis nach Spanien pilgern. Vor allem aber bietet dir Pilgern in Deutschland die Möglichkeit, direkt vor deiner Haustür das Pilgern in Form von Tages- oder Wochen-Etappen für dich zu entdecken. Die Übernachtungsstruktur auf den deutschen Jakobswegen ist leider nur eingeschränkt auf Pilger ausgerichtet, sodass du für Übernachtungen eher Pensionen oder Hotels einplanen solltest.

Wartburg bei Eisenach: Hier übersetzte Martin Luther das Neue Testament aus dem griechischen Text ins Deutsche.

Bekannte Jakobswege in Deutschland – eine kleine Auswahl:

- Die **Via Jutlandica** führt von Krusau direkt an der Grenze zwischen Dänemark und Schleswig-Holstein über ca. 200 Kilometer in 8-9 Etappen nach Hamburg. Der Weg orientiert sich an historischen Ochsenrouten, über die man früher Rinder aus Jütland nach Schleswig-Holstein getrieben hat. In Hamburg trifft die Via Jutlandica auf die Via Baltica.
- Die **Via Baltica** beginnt in Usedom und führt über 600 Kilometer in ca. 25 Etappen bis nach Bremen.
- Die **Via Scandinavica** mit einer Länge von ca. 640 Kilometern verläuft von der Insel Fehmarn in Richtung Süden nach Lübeck, Lüneburg, Hannover bis nach Eisenach in Thüringen. Für diese Strecke musst du ca. 30 Pilgertage einplanen.

- Der **Baltisch-Mitteldeutsche Jakobsweg** mit einer Länge von ca. 180 Kilometern bringt dich in 6-7 Etappen von Rostock über die Mecklenburger Seenplatte nach Perleberg in Brandenburg.
- Über den **Brandenburgischen Jakobsweg** pilgerst du auf historischen Wegen quer durch Brandenburg bis nach Sachsen-Anhalt. Für die Strecke von Berlin nach Tangermünde mit einer Länge von ca. 220 Kilometern benötigst du ca. 8 Tage. Der bereits im Mittelalter wichtige Pilgerpfad führt dich auf einsamen Wegen über verschlafene Dörfer und historische Kleinstädte durch Brandenburg und mundet dann in den Jakobsweg Sachsen-Anhalt.
- Der **Jakobsweg Sachsen-Anhalt** ist das Verbindungsstück für die Jakobswege von Rostock und Frankfurt/Oder. Der Jakobsweg Sachsen-Anhalt verläuft über 370 Kilometer in ca. 15 Etappen von Brandenburg über Magdeburg nach Thüringen und wird auch von Pilgern aus Polen und Skandinavien gerne für die Weiterreise nach Mitteldeutschland genutzt.

Pilgerstatue in Speyer

- Der **Westfälische Jakobsweg** ist die Verlängerung der Via Baltica, die vom Baltischen Meer über Rostock, Lübeck, Hamburg und Bremen bis nach Osnabrück führt. Der Weg führt dich auf ca. 260 Kilometern in 12 Tagen vom Dom St. Peter in Osnabrück über den Teutoburger Wald ins Münsterland, nach Dortmund und dann durchs Bergische Land über Wuppertal bis zum Kölner Dom am Rhein.
- Die historische Pilgerroute **Jakobsweg Marburg-Köln** wird auch als Elisabethpfad bezeichnet und verläuft von der Grabeskirche der Heiligen Elisabeth im hessischen Marburg über die westfälische Handelsstadt Siegen bis nach Köln. Der 170 Kilometer lange Weg ist teilweise auch als Elisabethpfad ausgeschildert.

- Eine interessante Pilgererfahrung bietet dir der **Sächsische Jakobsweg** von Bautzen in der Oberlausitz nach Hof im Saaletal. Du pilgerst entlang der mittelalterlichen Frankenstraße auf ca. 300 Kilometern über Bischofswerda, Dresden, Freiberg, Chemnitz, Zwickau und Oelsnitz bis nach Hof.
- Der **»Mosel-Camino«** oder auch Eifel-Rhein-Weg ist seit 2008 als ein weiterer Teil des Pilgerwegs nach Santiago de Compostela komplett markiert. Der ca. 170 Kilometer lange abwechslungsreiche und landschaftlich sehr reizvolle Pilgerweg startet in Koblenz-Stolzenfels und führt über 8 Etappen nach Trier bis in die Benediktinerabtei St. Matthias.

Benediktiner Erzabtei St. Martin / Kloster Beuron, Baden-Württemberg

- Die **Via Coloniensis:** Dieser bekannte Pilgerweg startet am Kölner Dom und verläuft über die schöne Landschaft der Eifel und etliche historische Städtchen bis nach Trier. Die ca. 220 Kilometer verteilen sich auf 11 Etappen mit zumeist leicht begehbaren Wegen und ermöglichen gerade Pilgeranfängern einen guten Einstieg.
- Der **Beuroner Jakobsweg,** auch Via Beuronensis genannt, ist der offizielle Abschnitt zwischen Hechingen und Meßkirch auf dem Jakobsweg nach Konstanz am Bodensee. Von Hechingen aus führt er auf einer Strecke von ca. 75 Kilometern vorbei an spirituellen Highlights wie der Peter- und Paul-Kirche in Nusplingen, der Wallfahrtskapelle Maria, Mutter Europas in Gnadenweiler oder dem bekannten Kloster Beuron bis nach Meßkirch. Der Weg verläuft ab Beuron aus der Schwäbischen Alb kommend entlang des schönen Donautales und wer mag, pilgert von Meßkirch aus dann weiter in Richtung Bodensee.

»Beginne mit dem Notwendigen,
dann tue das Mögliche und plötzlich wirst du
das Unmögliche tun.«

Franz von Assisi

Auf dem Jakobsweg Achtsamkeit erleben und entdecken – Teil 2

Achtsamkeitsübung 12:

Dankbare Menschen sind glücklichere Menschen
Ich bin bei der Coachingübung »Dankbar für den Pilgertag« bereits auf das wichtige Thema Dankbarkeit eingegangen. Das Empfinden von Dank für etwas oder jemanden ist aus meiner Sicht der Schlüssel zur Achtsamkeit. Dankbare Menschen bringen ihrem Umfeld, sich selbst und der Natur bzw. der gesamten Schöpfung Wertachtung entgegen. Das macht sie glücklicher und wirkt sich auch positiv auf andere aus. Durch häufiges Lob und ehrliche Bestätigung nimmt man dich als offener und sympathischer wahr. Das erleichtert deine zwischenmenschlichen Beziehungen. Nimm dir möglichst jeden Abend Zeit, um kurz zu reflektieren, wofür du an diesem Tag dankbar warst.

Achtsamkeitsübung 13:

Probier's mal mit Gemütlichkeit – kleine Auszeit
Was können wir von Balu, dem Bären aus Disneys Dschungelbuch, lernen? Sei nicht rund um die Uhr aktiv! Auf das Pilgern übertragen: Verbring nicht den ganzen Tag mit Laufen, Besichtigungen, Gottesdiensten, Essen und Trinken, sondern nimm dir bewusst auch Zeit nur für dich. Eine Zeit, in der du intensiv über dich und deine Gefühle nachdenken kannst. In

diesen Momenten sollte deine Umgebung keinen Einfluss auf dich haben: Keine Musik, kein Buch, keine Gespräche, kein Fernsehen, kein Handy. Leg dich auf eine Wiese, die Couch oder das Bett, an einen Ort, an dem du dich wohlfühlst. Nutze diese 10-15 Minuten ganz bewusst, um den Tag zu verarbeiten und dir Gedanken darüber zu machen, was du fühlst. Deine Gedanken sollten sich dabei nur um dich drehen, um deine Wahrnehmung von dir selbst und nicht um andere Themen.

Achtsamkeitsübung 14:

Wie war deine letzte Woche?

Du hast beruflich oder privat eine anstrengende Woche erlebt. Falls du gerade pilgerst, liegt vielleicht eine Woche voller neuer Eindrücke, Begegnungen und Herausforderungen hinter dir. Nimm dir nun möglichst am Sonntag auch die Zeit, das Geschehene zu reflektieren und zu verarbeiten. Daraus kannst du nicht nur neue Kraft für die Folgewoche schöpfen, sondern dich auch innerlich gut auf das Kommende vorbereiten. Stell dir am Ende deiner Woche folgende fünf Fragen und notiere die Antworten in deinem Pilger- oder Achtsamkeitstagebuch:

1. Was war dein schönster Tag, deine interessanteste Begegnung, dein größter Erfolg in dieser Woche?
2. Was hat dich in dieser Woche begeistert, was dir besonderen Spaß oder Freude bereitet? Und kannst du das in deine nächste Woche integrieren?
3. Was hat dir Sorgen oder vielleicht sogar Angst bereitet? Was kannst du aktiv gegen diese Sorgen oder Ängste tun? Wie kannst du besser damit umgehen?
4. Konntest du für dich in der vergangenen Woche einen wertvollen Moment oder eine besondere Erinnerung erschaffen?
5. Was wünschst oder erhoffst du dir von der neuen Woche, hast du besondere persönliche Ziele?

Unterwegs sein – Innehalten, Besonderes entdecken

Achtsamkeitsübung 15:

Schuhe aus!

Unsere Füße sind eigentlich nicht für Schuhe geboren: Wir sollten viel häufiger barfuß laufen, denn das ist nicht nur gut für unseren Rücken, sondern auch für unsere Füße und zugleich eine hilfreiche Achtsamkeitsübung. Barfuß zu gehen, sorgt für ein Gefühl der Freiheit, bringt dir die Natur wieder näher und vermittelt dir intensive Gefühle. Weißt du überhaupt noch, wie unterschiedlich sich ein Waldboden, ein Feldweg, eine Wiese und ein Strand unter deinen Füßen anfühlt? Wie es ist, eine von der Sonne erwärmte Steinplatte zu betreten oder vorsichtig durch einen kühlen Bach zu waten?

Gerade beim Pilgern, wenn du tagelang in Wanderschuhen unterwegs bist, empfehle ich dir kleine Achtsamkeits-Auszeiten für deine Füße. Zieh in einer Pause oder am Abend einfach mal keine Schuhe an und lauf bewusst barfuß. Wie fühlt sich das an, was spürst du, was empfindest du dabei?

Mein Tipp: Für empfindliche Füße oder als Schutz gegen mögliche Verletzungen benutzen immer mehr Pilger zwischendurch sogenannte Barfußschuhe (Minimalschuhe oder Fivefingers). Sie sind eine Mischung aus Laufschuhen und Barfußgang, wobei das Laufverhalten dem Barfußlaufen entspricht.

Achtsamkeitsübung 16:

Nobody is perfect

Achtsamkeit bedeutet auch, sich selbst verzeihen zu können. Ohne das Verzeihen eigener Fehler oder Fehleinschätzungen kannst du dich nicht davon distanzieren bzw. lösen und lebst weiter in der Vergangenheit. Besser für dich wäre, im Hier und Jetzt zu leben. Schreibe in dein Pilgernotizbuch oder auf einen Zettel, welche Fehler aus der Vergangenheit dich immer noch beschäftigen und belasten. Und dann lies diesen Zettel sorgfältig durch, akzeptiere den Fehler als geschehen und sage dir bewusst: »Ich verzeihe mir.«

Auf meinem ersten Camino habe ich im Laufe der vielen Wochen vor allem zwei Dinge gelernt, die für mich das größte Geschenk waren: Ich habe über jeden meiner Fehler intensiv nachgedacht, aber letztendlich bin ich zu einem Punkt gelangt, an dem ich mir selbst verzeihen konnte. Und ich habe es dadurch geschafft, innerlich anderen zu verzeihen, die mich verletzt haben.

Manchmal hilft dir aber auch ein Gebet in einer der vielen Kapellen, Klöster und Kirchen entlang des Pilgerweges oder ein direktes Beichtgespräch mit einem Pastor oder einem Priester. Es kann sehr befreiend sein, von dritter Seite zu hören »Gott hat dir vergeben«. Wende dich unterwegs einfach an eine evangelische Pastorin oder einen Pastor, einen katholischen Priester (Pfarrer, Kaplan oder den Pater eines Ordens) und bitte um ein Gespräch.

Achtsamkeitsübung 17:

Warum eigentlich?

Lass dich nicht mehr zu Entscheidungen drängen, hinter denen du nicht 100%ig stehst. Verpflichtungen, die nur entstanden sind, weil du einer Sache voreilig zugestimmt hast oder nicht Nein sagen konntest, sorgen für vermeidbaren Stress bis hin zu einem Burn-out. Nimm dir die Zeit, dich selbst vor jeder Entscheidung zu fragen:

»Warum will ich das unbedingt, warum entscheide ich mich so, warum sollte ich das tun?« Nur wenn du für jede dieser Fragen einen klaren Grund (oder mehrere) nennen kannst, kommst du zu einer bewussten Entscheidung. Egal, ob es darum geht, mit anderen Pilgern doch noch 10 Kilometer weiter als geplant zu laufen, um einen Kredit für ein teures Auto oder um eine berufliche Situation – diese Achtsamkeitsübung mit den drei »Warums« solltest du fest in dein Leben integrieren. Achtsamkeit heißt auch, Entscheidungen bewusst zu treffen.

Unterwegs sein – sich bewusst wahrnehmen

Achtsamkeitsübung 18:

Me-Time anstatt Tea-Time

So einfach kann Achtsamkeit sein: Wähle dir verbindlich mindestens einen Zeitpunkt in jeder Woche aus, an dem du dir bewusst nur Zeit für dich selbst nimmst. Bei einer längeren Pilgerreise könnte das vielleicht der Sonntag sein. Du hast während dieser »Me-Time« nur eine Verpflichtung – tu dir etwas Gutes, etwas, wobei du dich absolut wohlfühlst. Lies ein Buch, hör deine Lieblingslieder, mal ein Bild oder träum einfach vor dich hin. Du wirst merken, wie diese kleine feste Zeit dich zu mehr Gelassenheit und innerer Entspannung führt.

Achtsamkeitsübung 19:

Bewusst spazieren gehen

Ein morgendlicher Spaziergang an der frischen Luft oder nach dem Abendessen im Umkreis der Pilgerherberge ist eine schöne Übung, die dich mit dir selbst und der Natur verbindet. Versuche bei diesem Spaziergang, deine Eindrücke bewusst wahrzunehmen: Was siehst du? Wie empfindest du die Luft? Schon 10-15 Minuten können ausreichen, um zu deiner Entspannung und einem guten Schlaf beizutragen und negative Gedanken loszuwerden.

Unterwegs sein – auf dem Weg nach Kap Finisterre

Achtsamkeitsübung 20:

In der Ruhe liegt die Kraft

Geht es dir auch so, dass du im Alltag in ständiger Bewegung bist und manchmal den Eindruck hast, immer seltener vollkommen zur Ruhe zu kommen? Vielleicht hilft dir diese Übung, die du gut auf dem Pilgerweg ausprobieren kannst: Suche dir jeden Tag für 5-10 Minuten einen dir angenehmen Ort in der Natur, setz dich entspannt hin und lausche den Geräuschen aus der Umgebung. Wenn dich ein anderer Pilger dabei begleitet, solltet ihr dabei auf keinen Fall sprechen, sondern nur lauschen. Wie hast du diese ruhige Ausnahmesituation empfunden? Wie war es für dich, mal nicht selbst aktiv sein zu müssen, sondern nur zu hören?

Achtsamkeitsübung 21:

Wasser ist ein Geschenk des Himmels

Auf dem Jakobsweg wirst du die Bedeutung und den Wert von Wasser neu erkennen. Während du zu Hause fast täglich wie selbstverständlich duschst oder den Geschirrspüler anstellst, bekommt das Wasser für dich beim Pilgern einen anderen Wert. Je nach Jahreszeit erlebst du Wasser in der Form von Schnee oder Regen, vor allem aber stillt es deinen Durst und du bist unendlich dankbar für jede heiße Dusche nach einem langen Pilgertag

Eine gute Achtsamkeitsübung für zu Hause und unterwegs ist das bewusstere Wahrnehmen des Wassers. Egal ob beim Duschen, unterwegs an einem Brunnen oder an einem kleinen Fluss: Versuche, das Wasser mit allen Sinnen zu spüren. Die warmen Wasserstrahlen auf deiner Haut, der erste kühle und erfrischende Schluck aus deiner gerade gefüllten Pilgerflasche oder deine Hand in dem an dir vorbeifließenden Bach – was empfindest du dabei?

Achtsamkeitsübung 22:

Zu guter Letzt – Digital Detox oder das Smartphone als Gegenpol zur Achtsamkeit

Unter Digital Detox (digitale Entgiftung) versteht man einen »Urlaub« bzw. eine digitale Auszeit von allen digitalen Medien sowie elektronischen Technologien. Dafür legst du einen Zeitraum fest, während dem du ohne Smartphone, Laptop, Internet, Fernseher und sonstige elektronische Kommunikationsmittel auskommst. Ziel ist es, einen Moment für dich zu schaffen, in dem du ausschließlich im Hier und Jetzt lebst. Diese komplette Auszeit von digitalen Medien oder beim Pilgern vom mitgeführten Smartphone ist eine der wichtigsten Achtsamkeitsübungen. Nimm dir jeden Tag mindestens eine feste Stunde vor, in der du bewusst auf alle digitalen Medien verzichtest.

Entscheide für dich, ob du dein Handy auf dem Jakobsweg wirklich ständig in Betrieb haben willst oder besser nur zu bestimmten Zeiten einschaltest. Ein beliebtes Argument für die ständige Handynutzung bei Pilgern ist das integrierte Navigationssystem. Ich frage mich nur, wozu es dann überall die gute Markierung gibt, die auch vor der Einführung der Smartphones allen Pilgern zuverlässig den Weg gezeigt hat.

Meine Empfehlung: Schalte dein Handy beim Pilgern weitestgehend aus. Genieße den Weg, lass dich überraschen, wann das nächste Dorf kommt und was hinter der nächsten Wegbiegung liegt. Geh den Camino achtsam, entspannt und offen für Veränderungen, dann wird deine Zeit auf dem Jakobsweg garantiert zu etwas ganz Besonderem.

»Auch aus Steinen, die dir in den Weg gelegt werden, kannst du etwas Schönes bauen.«

Erich Kästner (1899–1974), deutscher Schriftsteller

Warum Pilgern so guttut – Teil 2

Zum Abschluss des Buches möchte ich nochmals andere Pilger erzählen lassen, was für sie das ganz Besondere am Pilgern ist:

Was macht das Pilgern so besonders?

»Wenn aus Pilgern Freunde werden« (Helmut, 63 Jahre alt)
Vielleicht geht es dir wie mir? Je älter ich werde, desto schwieriger wird es, neue Freundschaften zu schließen. Pilgern, das Unterwegssein hat viele gute Seiten. Aber ich bin vor allem

dankbar für die Freundinnen und Freunde, die ich in den letzten Jahren völlig unerwartet beim Pilgern gewonnen habe. Mir fällt auch auf, dass viele dieser Freundschaften nun schon sehr lange halten und auch bei mitunter seltenen Treffen sofort wieder Nähe da ist. Ich glaube, das liegt daran, dass Freundschaften beim Pilgern anders entstehen als im Alltag. Man teilt schwierige Erlebnisse und besondere Momente miteinander und geht von Anfang an offen und mit einem gewissen Grundvertrauen an andere Pilger heran. Wo am Anfang weniger innere Distanz herrscht, spürst du auch schneller, was den Menschen dir gegenüber ausmacht und ob sich eine ernsthafte Freundschaft daraus entwickeln kann.

»Mehr Zeit fürs Christsein« (Anne, 38 Jahre alt)

Wenn ich ehrlich bin, würde ich mich als »Ostern- und Weihnachtschristin« bezeichnen. Das heißt, obwohl ich es mir oft anders wünschen würde, komme ich im Alltag viel zu selten, also nur an Feiertagen dazu, in die Kirche zu gehen.

Wenn ich dagegen allein oder mit Freundinnen mehrtägige Pilgertouren in Deutschland unternehme, finde ich plötzlich wieder eine ganz neue Nähe zur Kirche. Und damit meine ich nicht nur die vielen Besichtigungen und Gebete in den Kapellen und Kirchen unterwegs, sondern auch die Nähe zu den Ehrenamtlichen, die die Pilgerherbergen betreuen, und den vielen Unterstützern aus den Gemeinden, die alle dazu beitragen, dass es in Deutschland so langsam wieder eine richtig gute Pilgerkultur gibt. Dieses Klima des Vertrauens und der Nächstenliebe macht für mich beim Pilgern die Kirche wieder zu einer »Kirche des Anfassens«.

»Vergeben, verzeihen, mit sich ins Reine kommen« (Christiane, 47 Jahre alt)

Früher konnte ich mit dem Begriff »mit sich im Reinen sein« nichts anfangen. Erst auf meiner ersten mehrwöchigen Pilgertour wurde mir bewusst, wie viel Schuld ich in der Vergangenheit auf mich geladen habe, aber auch, wie viele Verletzungen ich im Laufe meines Lebens ertragen musste. Ich könnte jetzt viel darüber erzählen, aber wofür ich immer dankbar sein werde, ist die reinigende Kraft einer solchen Pilgerwanderung.

Man kann es nicht erklären, aber Pilgern auf dem Jakobsweg reinigt tatsächlich die Seele, du bist plötzlich wieder mit dir selbst im Reinen. Dazu gehört, sich selbst zu verzeihen, anderen zu vergeben und das loszulassen, was einen belastet.

Für mich ist Pilgern eine Therapie, so etwas wie eine reinigende Dusche für die Seele …

»Miteinander ohne Hierarchien« (Hartmut, 60 Jahre alt)
Ich mag das Miteinander, diese scheinbar selbstverständliche Verbundenheit der Pilger untereinander. Klar, wie im normalen Leben gibt es auch unter Pilgern Egoisten, Besserwisser und Menschen, die dir nicht sympathisch sind. Aber bis auf wenige Ausnahmen habe ich unterwegs nur nette Leute kennengelernt. Das liegt sicherlich auch daran, dass wir beim Pilgern alle gleich sind. Die Firmenchefin genau wie der Fabrikarbeiter – beide gehen zu Fuß, beide tragen ihr Gepäck selbst und beide teilen das Miteinander in der Pilgergemeinschaft.

Ich kann nur jedem empfehlen, diese Erfahrung selbst einmal zu machen und zu erleben, wie einfach und gut das Leben zwischen den Menschen funktionieren kann …

»Die Natur wieder bewusst sehen« (Dagmar, 35 Jahre alt)
Ich muss zunächst einen Moment über die Frage, was das Pilgern so besonders macht, nachdenken. Es gibt viele Antworten, aber für mich macht die Faszination des Pilgerns auch aus, dass ich wieder »sehen« lerne.

Normalerweise mache ich beim Pilgern oder Wandern keine Fotos, weil es mich zu sehr ablenkt und ich dann mehr über die Motive nachdenke, anstatt einfach die Landschaft zu genießen. Vor einigen Jahren habe ich mir bei einer Pilgertour bewusst vorgenommen, alles zu fotografieren, was mir unterwegs auffiel oder gefiel. Nach meiner Rückkehr habe ich die Fotos dann in Ruhe auf einem großen Bildschirm angeschaut und war ziemlich verblüfft über den Inhalt der Aufnahmen: Es waren weniger Landschaften oder Baudenkmäler dabei, sondern sehr oft banale Dinge am Wegesrand. Ein steiniges Feld, ein Käfer, Ast oder Blatt auf dem Weg, eine einfache Bank und Ähnliches. Das Pilgern und das damit verbundene entschleunigte Gehen sorgen dafür, dass wir alles in der Umgebung bewusster wahrnehmen, insbesondere die Natur. Dafür bin ich dankbar ...

»Pilgern ist ein Geschenk« (Frank, 54 Jahre alt)
Ich glaube, ich bin pilgersüchtig. Neben den 3 spanischen Jakobswegen habe ich auch in Deutschland mittlerweile über 10 mehrtägige Pilgertouren hinter mir.

Freunde und Bekannte sagen oftmals zu mir, sie würden das auch gerne mal versuchen, hätten aber keine Zeit dafür.

Blödsinn, sage ich dann, Pilgern ist nicht zeitabhängig. Du kannst einen Tag, ein Wochenende oder einige Wochen gehen, jede Zeit bringt dir etwas Gutes. Natürlich ist eine längere Pilgerreise eine besondere Erfahrung auf dem Weg zu dir selbst, aber auch eine Tagestour ist mit vielen schönen Momenten verbunden. Pilgern ist ein Geschenk, egal wie viel Zeit dir dafür zur Verfügung steht. Also nimm es an und freue dich darüber.

»Du schaffst das« (Sara, 32 Jahre alt)

Ich gebe es ja ungern zu, aber ich war und bin schon immer ziemlich unsportlich und habe nur selten Lust, mit dem Fahrrad oder zu Fuß längere Strecken unterwegs zu sein.

Vor einigen Jahren hat mich eine Freundin mal mit viel Druck dazu überredet, sie als Geburtstagsgeschenk auf eine fünftägige Pilgerreise in Bayern zu begleiten. Kurz vor der Abreise habe ich ernsthaft überlegt, irgendeine Erkrankung vorzutäuschen, um mich davor zu drücken. Zum Glück habe ich das nicht getan, anderenfalls hätte ich ein außergewöhnliches Erlebnis verpasst. Die ersten zwei Tage waren körperlich eine totale Qual für mich, aber die Gespräche mit meiner Freundin, die besondere Spiritualität des Unterwegsseins und die Momente der Stille haben mich sofort angesprochen. Und dazu kam dann noch Tag für Tag ein gewisser Stolz, die nächste Tagesetappe geschafft zu haben und dem Ziel wieder ein Stück näher gekommen zu sein. Auch wenn ich heute immer noch nicht regelmäßig Sport treibe, habe ich es in den letzten Jahren geschafft, zumindest einmal im Jahr auf eine zwei- bis fünftägige Pilgertour zu gehen. Und ich bin meiner Freundin dankbar für diese Erfahrung, die ich ohne sie nie gemacht hätte.

Eine Alternative zum üblichen Pilgerrucksack

»Wege, Wetter und Vergangenes« (Achim, 63 Jahre alt)

Mir gefallen am Pilgern gleich drei Dinge: Wie einfach man den Weg findet, wie unwichtig das Wetter ist und das gute Gefühl, auf historischen Pfaden unterwegs zu sein.

Bei meiner ersten Pilgerreise in Spanien habe ich mich vorher noch mit Klimatabellen rumgeplagt und versucht, alles in meinen Rucksack zu packen, was man unter Umständen für Regen, Schnee und Hitze brauchen könnte. Spätestens wenn du dann versuchst, deinen überschweren »Allwetterrucksack« auf die Schulter zu bekommen, merkst du, dass du dich unmöglich vor jedem Wetter schützen kannst. Die Erfahrung, die ich mit anderen Pilgern teile, ist, dass schönes und schlechtes Wetter einfach dazugehören. Nach drei Tagen Dauerregen hilft dir auch ein Poncho nicht wirklich und du kommst nachmittags völlig durchnässt in der Herberge an. Du wirst manchmal frieren und an anderen Tagen über die quälende Hitze schimpfen. Aber egal, am Ende des Tages und des Weges bist du trotzdem glücklich.

Beeindruckt bin ich immer wieder davon, wie leicht es durch die Arbeit vieler freiwilliger Helfer mittlerweile geworden ist, auch ohne Wanderkarte oder Reiseführer auf den bekannten Jakobswegen unterwegs zu sein. Du folgst einfach den Wegzeichen, in der Regel dem Zeichen der Muschel. Und wenn du doch einmal vom Weg abkommst, wird es immer Einheimische geben, die dir notfalls den Weg zeigen.

Obwohl ich auch gerne wandere, schätze ich beim Pilgern das Gefühl, auf historischen Wegen unterwegs zu sein. Es berührt mich zu wissen, dass vor mir schon Hunderttausende

Unterwegs sein – zur Ruhe kommen

Menschen diese Pilgertour auf sich genommen haben und das oft unter schwierigsten Bedingungen, die mit unserer Art des Pilgerns wenig gemeinsam haben. Auf diesen alten Pilgerwegen spüre ich die Kraft christlichen Glaubens, ohne die es viele wertvolle Bauwerke nicht geben würde und die bis heute Menschen bewegt, auf die Pilgerreise ihres Lebens zu gehen …

»Zufrieden durch die Einfachheit« (Dennis, 39 Jahre alt)

Für mich gibt es einen wesentlichen Grund, warum ich so gerne pilgere. Viele, die ich beim Pilgern kennengelernt habe, waren aus einem bestimmten Grund unterwegs. Oftmals sind es Trauer, eine gescheiterte Beziehung oder eine berufliche Burnout-Situation. Bei mir ist es leichter: Pilgern macht mich einfach glücklich. Ich war früher lange auf der Suche nach dem, was mich glücklich macht. Aber dieses Glück war meistens nur auf materieller Grundlage im Sinne von »mein Sportwagen, meine coole Wohnung, meine Fernreise« und hielt immer nur kurzfristig an.

Beim Pilgern merke ich, wie einfach es mir fällt, glücklich zu sein. Ich laufe den ganzen Tag oder so lange, wie ich Lust habe, esse, wenn ich hungrig bin, und freue mich über Kleinigkeiten, die ich im normalen Alltag überhaupt nicht wahrnehmen würde. Die Müdigkeit und die Erschöpfung nach einem anstrengenden Pilgertag geben mir ein Glücksgefühl und eine Zufriedenheit, die mit nichts anderem vergleichbar sind.

Irgendwo habe ich mal gelesen: »Wenn du etwas loslässt, bist du etwas glücklicher. Wenn du viel loslässt, bist du viel glücklicher.« Und genau das tue ich beim Pilgern und deshalb tut mir das Pilgern so gut …

Santiago de Compostela

»Der Jakobsweg ist eine Reise der Seele.«

Shirley MacLaine (geb. 1934), US-amerikanische Schauspielerin und Schriftstellerin

Schlusswort

Vielleicht ist es mir ja gelungen, dich mit meinen Anregungen, Berichten und Tipps für deinen ersten Jakobsweg zu begeistern. Viele der vorgeschlagenen Übungen zum Selbstcoaching und zum Achtsamkeitstraining kannst du auch unabhängig vom Pilgern ausprobieren, am besten natürlich draußen in der Natur. Über ein Feedback zum Buch, deine Erfahrungen und Verbesserungsvorschläge an meine E-Mail-Adresse pilgern@PeterButenuth.de würde ich mich sehr freuen.
Buen Camino – Dios te proteja!

Ankommen in Santiago – Freude pur

Kleine Danksagung

Danke an …

- Anne-Ruth Meiß, meine Verlegerin, die mich nach einem Vortrag über den Jakobsweg spontan zu diesem Buch ermutigt hat, für ihre hilfreiche Unterstützung als Lektorin.
- Dr. Uwe Siebert, unseren langjährigen Hausarzt und wertvollen Wegbegleiter in schwierigen Phasen. Erst durch ihn habe ich gelernt, mich nicht nur auf meinen Kopf zu verlassen, sondern auch auf die Signale meines Körpers zu achten.
- Die vielen freiwilligen Helferinnen und Helfer aus aller Welt, ohne deren langjähriges Engagement es die Tradition der Jakobswege in dieser Form nicht mehr geben würde!

Register/Stichwortverzeichnis

Literatur- und Quellennachweis/ Leseempfehlungen

Bücher:

Die schönsten Pilgerwege in Deutschland, Kunth Verlag 2022

Bottineau, Yves & Herbers, Klaus, *Der Weg der Jakobspilger. Geschichte, Kunst und Kultur der Wallfahrt nach Santiago de Compostela,* Bastei Lübbe 1987

Coelho, Paulo, *Auf dem Jakobsweg. Tagebuch einer Pilgerreise nach Santiago de Compostela,* Diogenes 2021

Gans, Carsten u. a., *Arbeitsraum Natur. Handbuch für Coaches, Therapeuten, Trainer und Organisationen,* Moremedia 2020

Grégoire, Jean-Yves u.a., *Der spanische Jakobsweg. Camino Francés von Saint-Jean-Pied-de-Port nach Santiago de Compostela,* Tyrolia 2010

Joos, Raimund, *Nordspanien: Jakobsweg Camino Primitivo. Mit Tipps für Radpilger (Outdoor Handbook),* Conrad Stein Verlag 2012

Joos, Raimund, *Spanien: Jakobsweg Küstenweg (Outdoor Pilgerführer). Camino de la Costa, Camino del Norte und beliebte Varianten,* Conrad Stein Verlag 2022

Joos, Raimund, *Spanien: Jakobsweg Camino Francés (Outdoor Pilgerführer). Tipps für Radpilger,* Conrad Stein Verlag 2022

Joos, Raimund, *Spanien: Jakobsweg Caminh Portubuês von Porto nach Santiago und Finisterre (Outdoor Pilgerführer),* Conrad Stein Verlag 2022

Kaminski, Michael, *Pilgern quer durch's Jahr. 12 Wege für die Seele,* Claudius 2019

Kaminski, Michael, *Pilgern mitten im Leben. Wie deine Seele laufen lernt,* Herder 2020

Kerkeling, Hape, *Ich bin dann mal weg. Meine Reise auf dem Jakobsweg,* Malik 2006

Lindenthal, Peter, *Der Camino Primitivo von Oviedo nach Santiago de Compostela. Der älteste aller Jakobswege. 12 Tage durch Nord-Spanien – Asturien und Galicien,* Tyrolia 2011

Lindenthal, Peter, *Auf dem Jakobsweg durch Österreich. Von Pressburg/Wolfsthal über Wien, Linz, Salzburg, Innsbruck und Feldkirch nach Maria Einsiedeln,* Tyrolia 2013

Löhndorf, Andrea, *Anleitung zum Pilgern. Ein Lebensbegleiter,* dtv 2010

Peter, Kerstin, *Coachingraum Natur. Draußen Entspannung, Kraft und Lebendigkeit finden,* Schirmer 2019

Prawitt, Eva, *Und was, wenn ich mitkomme? Zu zweit unterwegs auf dem Jakobsweg,* Brendow 2013

Rohrbach, Carmen, *Jakobsweg. Wandern auf dem Himmelspfad. Unterwegs nach Santiago de Compostela,* Piper 2009

Thürmer, Christine, *Weite Wege wandern. Erfahrungen und Tipps von 45.000 Kilometern zu Fuß,* Malik 2020

Karten:

Pilgern in Deutschland, Kalimedia

Jakobswege, GeoMap

Internet:

www.jakobsweg.de

www.deutsche-jakobswege.de

www.pilgerweg.de

www.katholisch.de

www.pilgino.com

www.santiagoways.com
www.jakobsweg-lebensweg.de
www.wandern.de
www.deutschlandpilgert.de

Facebook-Gruppen:
Camino del Norte
Jakobsweg-Forum
Jakobsweg – Caminho Portugues
Camino Francés
Camino Primitivo
Jakobswege in Deutschland

Meine Notizen